学びつづける保育者をめざす

実習の本

保育所　施設　幼稚園

久富陽子 編著

善本眞弓・五十嵐裕子・堀 科

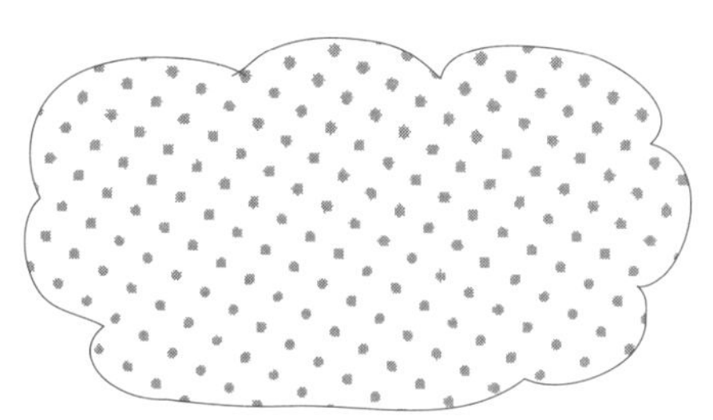

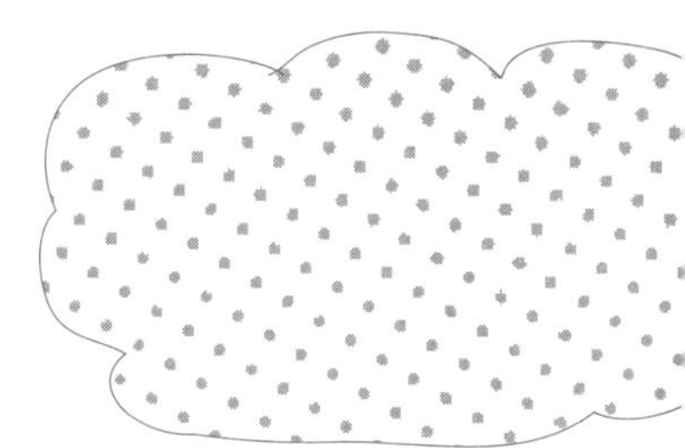

萌文書林

Houbunshorin

はじめに

現在、保育者に求められることは、以前よりもずっと多くなってきています。保育所・幼稚園・施設に在園している子どもや利用者の生活や育ちを支えるのはもちろんのこと、その家族や地域における子育て家庭の支援なども求められるようになりました。

そのため、保育者として生きていくためには、学びつづけることが必須になっています。保育士資格や幼稚園教諭免許を取得するために定められた実習の時間には限りがあります。この限られた実習の期間をできるだけ有効な学びの場にするとともに、学びつづけることの第一歩として位置づけたいと考えています。

本書は、そうしたみなさんの実習を支えたいと願って作成されました。執筆にあたったのは、それぞれ保育者養成校で学生の実習に携わっている教員たちです。本書の中では、実習を実習前・実習中・実習後と大きく３つに分けてとらえ、それぞれの中で必要かつ重要なことをていねいに解説しています。ワークシートや簡単な保育実技や楽譜もつけました。それらを活用し、少しでも自信をもって実習に臨んでもらえること、そこからさらなる新しい課題にも挑戦してほしいと願っています。

保育の現場で日々子どもや家族と奮闘している大先輩の保育者も、今年新人の保育者となった、ほんの少し先輩の保育者も、誰もがこの実習というものを経験して今に至っています。きっと、先輩たちは誰もがこの実習を通して何かしらの宝物をつかんだのではないでしょうか。実習に行く前は不安も大きいと思いますが、やり終えたときの達成感とそこから新しいスタートが始まることを期待して、ぜひ前向きに取り組んでほしいと思います。

最後になりましたが、本書の制作にあたり萌文書林の福西志保さんにはお世話になりました。センスのよいレイアウトを考えてくださるとともに、学生の目線での疑問や思いを率直に述べてくださったことを心より感謝申し上げます。また、実習で体験したうれしかったこと、つらかったことなどを機会あるごとに話してくれ、私たちに新しい刺激を与えてくれる多くの学生たちにも感謝したいと思います。そして、子どもの傍らにある保育者の重要性をさまざまな形で教えてくださった故大場幸夫先生にも心から感謝申し上げます。

筆者を代表して　久富陽子

学びつづける保育者をめざす
実習の本 保育所 施設 幼稚園
Contents

第1部 実習の前に

第2部 実習の進め方

付録

使える！ ワークシート集

第1部 実習の前に

保育者になるための基礎的な学びを行ったところで、いよいよ実習が始まります。期待や不安などが入り混じっていると思いますが、実習を通して大きな成長ができることでしょう！　ここでは、実習の意義や実習で出会う子どもたち、実習する園や施設について確認します。

1 実習のことを理解しよう

なぜ、実習が必要なの？

実習という言葉を聞いて、みなさんはどのようなことを連想しますか。実習は保育にかぎらず、医療や栄養など専門的な高い知識と技術が求められる職業をめざすうえでは、不可欠なものです。とくに、人の生命や育ちなどのように、その対象が失敗することが許されない職業であれば、実習の重要性は増していきます。

保育士も幼稚園教諭も、幼い子どもの生命を護り、保護者の子育てを支えながら子どもの健やかな育ちを援助する専門性の高い、非常に重要な仕事です。しかも、その専門性は日常の生活という、なかなか普段は意識されにくい状況で発揮していかなければなりません。そのため、保育の専門職になるためには、子どもが生きている生活の場へ行き、ともに生活をしていくなかであなたの全身を通して学ぶことが必要になってきます。

保育の専門職をめざして

ところで、実習へはどのくらいの期間行くのでしょうか。簡潔に言えば、保育士資格を取得するためには「保育所と保育所以外の児童福祉施設での実習が合計で270時間以上（約36日以上）」、幼稚園教諭になるためには「幼稚園などの教育現場での実習が20日以上」必要になります（詳細は在学している学校の学生便覧などで確認してください）。

「そんなにたくさん実習するの！」と思った人もいますか？　でも、よく考えてみてください。たった、この期間しか生きた子どもの生活を学ぶことができないのです。みなさんが卒業して保育職に就けば、新人保育者であっても「先生」として子どもや保護者に頼られる存在になります。もちろん、保育者は働きながらその専門性を高めていくという特徴もありますが、たとえ新人保育者であっても目の前にいる子どもの生命や育ちを担い、その生活を豊かなものにしていくことが求められます。

そのように考えると、この実習期間はけっして長いとは言えないように思います。限られた期間のなかで実りある実習ができるように、前向きに取り組んでいきましょう。

自発性を発揮し、真摯に学ぶ

保育は、子どもの自発性を大切にし、それがよりよく発揮できるように環境を整えたり援助をしたりしていく営みです。同時に保育者自身の自発性も重要とされており、保育者は子どもとの直接的なかかわりを通して、自ら考え、創意工夫しながら保育を行う必要があります。けっしてマニュアルで保育はできないのです。

そして、この自発性は実習生にも求められます。ただし、自分がやりたいことを勝手にやってもよいという意味ではありません。実習は、子どもたちや保育者が実際に生活している場にお邪魔させていただくことで可能になる学びですから、子どもや保育者の生活を壊さないことがなによりも重要です。そうしたことをふまえながらも、積極的に子どもとかかわり、保育者の手伝いをさせていただき、そのなかで疑問に思ったことを質問し、自分なりに考えていくのです。

もちろん最初からうまくいくことばかりではありませんし、失敗したり注意を受けたりすることもあるでしょう。そのときには自分の至らなかった点を素直に見つめ直してください。こうした自分を振り返る力は、保育者として育つうえで欠くことのできない力にもなります。

実習の実際

実習の期間や内容について、より詳細に理解しましょう。また、自分の学校での実習の科目名、履修年次、実習の時期を書き入れてみてください。

1 保育士資格を取得するために

必修：保育所での実習90時間以上と保育所以外の児童福祉施設での実習90時間以上

選択必修：必修の実習を終えたうえで、さらに保育所での実習90時間以上または保育所以外の児童福祉施設での実習90時間以上のどちらか一方を選択

必修

科目名　　履修年次　　年次　実習の時期　　年　　月ごろ

科目名　　履修年次　　年次　実習の時期　　年　　月ごろ

選択必修

科目名　　履修年次　　年次　実習の時期　　年　　月ごろ

科目名　　履修年次　　年次　実習の時期　　年　　月ごろ

2 幼稚園教諭免許を取得するために

必修：幼稚園での教育実習20日間以上（通常は2回に分けて行く）
※ただし、小学校教諭免許と同時取得の場合には、幼稚園と小学校でそれぞれ１回ずつ教育実習を行うことが多い。

必修

科目名	履修年次　　年次	実習の時期　　年　　月ごろ
科目名	履修年次　　年次	実習の時期　　年　　月ごろ

実習指導（事前指導・事後指導）

実習に行くにあたり、学校ではかならず「実習指導」という授業が行われます（学校によって科目名は多様です）。その授業は、限られた実習期間のなかでより充実した学びができるように、準備と実習終了後の振り返りをします。実習前までの学びの内容を**事前指導**、実習後の学びを**事後指導**と呼ぶのが一般的です。

事前指導

実習への心構えや書類作成、実習記録や指導計画の書き方、オリエンテーションの受け方、実習中の諸注意、教員による巡回指導等について学びます。本書の13～58ページまでの内容が、それに当たります。

事後指導

実習が終わったあとの振り返り、礼状や報告書の作成、自己評価などを行います。本書の59～68ページの内容になります。事前指導はもちろんのこと、この事後指導もしっかりと受けておくことで、次の実習への課題や取り組みがより明確になり、保育者として社会に出たあとも、自分の保育を省察（せいさつ）する習慣がつくことでしょう。

実習における学びの流れ

実習には大きく分けて以下のものがあります。

1．観察実習

子どもの様子や保育者の子どもへのかかわりなどを観察して学びます。観察といっても、相手は生きている子どもや保育者ですから、通常はただ黙って見ているというよりも、子どもと一緒に動いたり、保育者の手伝いをしながら行います。

ただし園によっては、このような機会にしか観察に徹することができないという理由から、このときには観察者になりきることを指示される場合もあります。

2. 参加実習

子どもと積極的にかかわったり、保育者の業務の手伝いを積極的にしながら、子どもについての理解を深めたり、保育者の仕事を学ぶことが目的です。

3. 部分実習

一日の保育のある部分を保育者にかわって行う実習です。最初は絵本や紙芝居の読み聞かせや手遊びのような、時間的にも内容的にもシンプルなものから始めます。次第に朝の会や帰りの会、昼食の準備などの生活にかかわる部分を任されたり、製作活動のように準備や実践、片づけまでが必要となる活動、つまり時間的にも長く、内容的にも複雑なものに挑戦していきます。

4. 一日(全日)実習

部分実習での経験を生かしたうえで、最後に一日や半日という園生活のほとんどを任されて実践する実習を行います。一日実習のためには、指導計画を立案し、担任の保育者に指導してもらいながら、子どもの園生活が安全に楽しく行えるような配慮や工夫をしていくことが求められます。

充実した一日実習を行うためには、観察実習からの学びをコツコツと積み上げていることが重要です。また、実習での学びは一日実習がうまくいったかどうかだけではありません。そこに至るまでに何をどのように学ぶことができたのか、さらにここでの反省を今後どのように生かすのかということが重要になります。

memo

2 実習で出会う子どもたち

0～18歳未満の子どもの姿

実習では、保育所、幼稚園、認定こども園、乳児院、児童養護施設、および障がい児の入所・通所施設などの福祉施設において、０歳から18歳未満までの幅広い年齢の子ども（児童）とかかわります。

乳幼児期には家庭、保育所・幼稚園等が生活の中心で、家族や保育者とのかかわりが中心になります。小学校入学以降は、学校・地域社会、習い事など家庭以外の環境や、家族や教師以外の人とのかかわりが広がります。いずれの時期においても、**個人差があること**、一人一人の置かれた**環境**（場・物・時間・人とのかかわりなど）**や経験の違いが大きく影響すること**を念頭に置き、子どもの姿をとらえてください。

生後57日（産休明け）～6ヵ月未満　ねんねからおすわりへ

生理的機能	母体免疫あり　原始反射が活発 出生時：体重およそ3000g、身長およそ50cm ３～４ヵ月：体重およそ６～７kg、身長およそ60cm　原始反射が消えはじめる
全身運動	首がすわる（目安：４ヵ月ごろまで）→寝がえり　グライダーポーズ
手指の操作	握っていた手のひらが開いてくる→手をじっと見る→見たものに手を伸ばす　手を口にもっていく　触れたものを握る→手のひら全体で握る
言語・認識	クーイング　機嫌のよいときに声を出す→喃語（アー・ウー・バーなど） 音がすると動きが止まる→人の声と物音を聞き分ける→意識的に音のするほうに目を向ける
対人関係	人の顔や物をじっと見る→あやされて笑う→よく話しかける人に反応する
栄養	母乳または粉乳を抱かれて飲む（授乳の間隔はだんだんと延びてくる）
睡眠	日中目覚めている時間が長くなる→夜よく眠るようになる
遊び・玩具	見て楽しむ・聞いて楽しむ・さわって楽しむ・あやされて喜ぶ モビール、ガラガラ、ボール、ぬいぐるみ、音がするもの　など
注意	乳幼児突然死症候群（SIDS）　うつぶせ寝に注意 睡眠中の定期的な観察（呼吸、顔色、姿勢、発汗など）

6ヵ月～1歳3ヵ月未満　はいはいから一人歩きへ

生理的機能	母体免疫から自己免疫へ　乳歯が生えはじめる　消化能力がつきはじめる １歳：体重およそ９kg、身長およそ75cm
全身運動	支えられておすわり→ずりばい→おすわり・はいはい→つかまり立ち・つたい歩き→一人で立つ→一人で歩く
手指の操作	自分から物に手を出す→持ちかえができる→両手に物を持つ→小さいものを指でつまむ
言語・認識	喃語の活発化　自分から大人に声を出す→手さし・指さし（身振り）→初語
対人関係	身近な人を認識する（６ヵ月ごろ～ 人見知り）→分離不安（後追い・泣くなど） 大人の真似をする
食事	離乳食の開始（１回＋乳）→離乳中期（２回＋乳）→離乳後期（３回）　食べさせてもらう → 手づかみで食べる→スプーンを持とうとする　コップから飲む
睡眠	日中の睡眠がまとまってくる（昼間は２～３回睡眠）→睡眠時間が一定になる（13時間程度）
遊び・玩具	なめる・口に入れる　さわって楽しむ　動きを楽しむ　追いかける　出したり入れたりする ガラガラ、ボール、ぬいぐるみ、起き上がりこぼし、赤ちゃん積み木　など
注意	誤飲、転倒、転落などに気をつける

1歳3ヵ月～2歳未満　歩行・手指の操作が上達し、「自分で」という気持ちが芽生える

生理的機能	前歯・奥歯・犬歯が生える（乳歯は上下で12本から16本へ）　消化や代謝が成熟してくる
全身運動	一人で歩く（目安：１歳半までに）　手と膝をついてよじ登る→支えられて階段の昇降 つかまってつま先立ち　膝を屈伸してジャンプの動作 音楽に合わせてからだを揺らす
手指の操作	指先への力の集中（つまむ、押す、めくるなど） 物をつかんで動かす（車のおもちゃなど）　積み木を積む・並べる クレヨンで点描き・なぐり描き→腕を大きく動かして描く
言語・認識	一語文（一語で意味のある文章）を言う　「イヤ・ダメ・しない」など否定語を覚えて言う からだの部分を指さす　物の名前を知りたがる　大人の言葉を受けて行動する
対人関係 自己	大人を遊びに誘う　大人の真似をする　「～したい」「～ほしい」という思いが強くなる 思いが伝わらず噛みつきが見られることもある　自我の芽生え
食事	離乳完了期（４回）（目安：１歳半までに）　３回の食事と２回のおやつ
排泄	排尿感覚が一定になる→おむつ交換の時間が決まってくる →汚れたことをしぐさで知らせる→排泄を事前に知らせる
睡眠	昼寝は昼食後の１回になり、１～３時間程度になる
清潔	不十分ではあるが、手を洗う・歯磨きをするなどを自分でしたがる
着脱	靴下を引っ張って脱ぐ　スナップやボタンをはずす→ファスナーの上げ下ろしなどをする
遊び・玩具	歩き回ることが楽しい　からだを動かして遊ぶ　手指を使った遊び　引っ張って歩く　押して歩く　出したり入れたりする　引っ張る遊び　押す遊び 手押し車、プルトイ、型はめ、大きなパズル、赤ちゃん積み木、ぬいぐるみ、大きい玉転がし、ボール、すべり台　など

おおむね２歳（２歳～３歳未満）　「自分でしたい」という気持ちが強くなる

生理的機能	奥歯が生え、乳歯が20本そろう　消化・吸収力がつく ２歳：体重およそ11kg、身長およそ85cm
全身運動	走る・跳ぶ（その場で両足跳び）バランス感覚が発達し、支えがあると片足立ちができる　よじ登ることができるようになる　少しのあいだ鉄棒にぶら下がることができる
手指の操作	両手を使ってブロックや電車のおもちゃをつなげる 型合わせなどができるようになる 指先、手のひら、手首の動きを組み合わせた動作もできるようになる
言語・認識	単語数の急増（200語→800語へ）　一生懸命話そうとする（表現はまだ不十分）　二語文　質問が増える　大小・長短・同じ・多少などがわかる
対人関係 自己	友達がしていることに興味をもつ　「見てて」と見ていてほしがる　友達と物の取り合いが多い　自分でできることが増え、自己主張が強くなる　「イヤ」と拒否することが増える
食事	自分で席につきスプーン・フォークも上手に使えるようになる　遊び食べをすることもある
排泄	大便や小便が出たことを言葉やしぐさで伝える（膀胱の発達と関係）→おむつからパンツに移行していく
着脱	パンツやズボン、丸首のシャツなどを自分で着たり脱いだりできるようになる
遊び・玩具	見立て　つもり遊び　生活を再現する　ぶつかり合いもあるが友達と遊ぶ 棒通し、ひも通し、型はめ、パズル、積み木、ボール、人形、ままごと、粘土、クレヨン　など

おおむね３歳（３歳～４歳未満）　身のまわりのことが大体できるようになる

生理的機能	免疫力がつく　３歳：体重およそ13kg、身長およそ93cm
全身運動	運動神経が発達し、走るスピードがアップ　足を交互に出して階段を上る　片足立ちや連続ジャンプができる　重い物を持ったり、両手で物を持ったまま歩くことができる
手指の操作	手首の回転がなめらかになる（キラキラの手振りなど） 指先を使った細かい作業も力の加減をしながらできるようになっていく
言語・認識	おしゃべりが盛んになる　三語文　経験を言葉で伝えることができるようになる ３までの数や色の名前がわかる（赤・青・黄・緑など）　台形や菱形の形の違いがわかる
対人関係 自己	大人に言葉で反抗する反面、甘えることもある　人の役に立つことを喜ぶ ほめられると喜ぶ　自分の思いを強く主張する（自己主張） 友達とごっこ遊びを楽しむ　ぶつかり合いも多い
食事	スプーンやフォークを下から持ち、すくうのが上手になる　箸を使いはじめる　食べこぼしが少なくなり、食べながら遊ぶことが少なくなる
排泄	失敗もあるが自分でパンツを脱いで排泄できるようになる → 失敗が少なくなる
着脱	簡単な靴の脱ぎ履きをする　少し手伝えば自分で衣服の着脱ができる　前後・表裏がわかる　簡単なたたみ方でたためる
遊び・玩具	声をかければ、簡単な種類分けをしながら片づけができる　外でからだを動かす遊び、ストーリーのあるごっこ遊び ままごと、人形の着せかえ、線路をつなげて電車遊び、ブロック、積み木、お絵かきなど好きな遊びを一人で楽しんだり、友達と遊ぶ（トラブルはある）　ほか

おおむね４歳（４歳～５歳未満）　運動能力や器用さに磨きがかかる

生理的機能	視力：1.0前後　聴覚・感受性高まる　４歳：体重およそ16kg、身長およそ100cm
全身運動	身体のコントロールが上手になる　ボール投げ・キャッチ、ジャンプなどがレベルアップする　片足立ち　直線歩き　ジグザグ歩き
手指の操作	左右の手の動きを協調させる　ボタンかけが上手になる　はさみで連続切りや線に沿って切れる
言語・認識	性別に興味をもち、服やしぐさを意識する　ジャンケンができるようになる
社会性 自己	友達と遊ぶことを喜ぶ　社会や集団のルールを理解して行動しようとしたり、 状況を判断して感情や欲求のコントロールもできるようになっていく　自分と他者の区別がはっきりできる
食事	食べることに集中し、箸も上手に使えるようになる　こぼさずに食べられる
排泄	パンツ・ズボンを下ろして排泄できるようになる　昼間の排泄の失敗はほとんどなくなる
着脱	衣服の前後・表裏・左右がわかり、一人で着脱ができる
遊び・玩具	友達と一緒の遊びが楽しい　協力する遊びができる　ままごと、積み木、ブロック、パズル、粘土、お絵かき、ボール　ほか

おおむね５歳（５歳～６歳未満）　集団生活への自信がつく

生理的機能	５歳：体重およそ18kg、身長およそ108cm
全身運動	運動機能がますます伸びる（自転車、竹馬、縄跳び、ゴム跳び、跳び箱など）
手指の操作	のりづけ、はさみの使い方が上手になる　折り紙を折る さまざまな描画表現が見られる
言語・認識	他者と言葉による共通のイメージをもてる　なぞなぞ・しりとりなどの言葉遊びができる 判断力の基礎ができ、身のまわりのことや経験したことについて善悪の判断をする
社会性 自己	仲間とともに遊ぶことを喜び、目的をもって集団で行動する　ルールをつくって守ろうとする　他者を批判したり、けんかの仲裁をする（自分たちで解決しようとする）　自分なりに考えたり判断する力がつく
生活習慣	基本的生活習慣が身につき、生活の流れの見通しをもって行動するようになる
遊び・玩具	遊びが持続する　ごっこ遊び　手指を使った遊び（積み木、ブロック、粘土、折り紙、あやとり、コマ、トランプ、ボードゲーム、楽器、絵本、図鑑）　運動遊び（ドッヂボール、サッカー、マット、平均台、縄跳び、フラフープ）など

おおむね６歳　年長児としての自覚と自信が芽生える

生理的機能	視力：成人に近くなる　嗅覚：ピークに達する　永久歯が生えはじめる ６歳：体重およそ20kg、身長およそ115cm
全身運動	全力で走ったり快活に跳びまわるようになる（ボールを蹴りながら走る、スキップ、側転、竹馬など）
手指の操作	細かい作業ができる（泥団子づくり、コマ回し、編むなど） 人物画の表現が詳細になる
言語・認識	言語的な説明ができるようになる　言語が思考の手段となる　文字（読み書き）・数への関心が芽生える　勝ち負けのあるゲームを楽しむ
社会性 自己	活動範囲や興味の対象が広がる　社会的なルールの理解ができるようになる　友達との共同作業ができる　相手の気持ちや立場を考えられるようになる　相手の過ちを許すことができるようになる

小学校１・２年生　幼児期からの脱却

生理的機能	幼児期の特徴も残るが、身長・体重が増加する
言語・認識	言語能力・認識力が高まる　自然への関心が増大する
社会性	大人の言うことを守りながら、善悪についての理解と判断ができるようになる　規範意識の基礎が形成される
自己	徐々に自己中心性が減少する

小学校３・４年生　ギャングエイジ

生理的機能	身長・体重が増加する　発達の個人差が顕著になる
言語・認識	積極的に学習や運動に取り組もうとする 物事をある程度、対象化して認識できるようになる
社会性	同性の固定した友達といつも遊ぶようになる 仲間にしか通じないきまりや秘密をつくる　仲間意識が強くなる 集団活動のなかでリーダーの役割ができる
自己	自律意識の芽生え　自分のことを客観的にとらえられるようになる 干渉を嫌い反抗的になる

小学校５・６年生　思春期に入る

生理的機能	身体の急速な発達　第二次性徴（性的成熟、生殖機能の発達）が始まる 女子：初潮、胸のふくらみ、体毛の発生、丸みを帯びた体型になりはじめる 男子：変声期、射精、体毛の発生、男性的な体型になりはじめる
言語・認識	自分本位の主張や理屈を言うようになる 抽象的・論理的な思考ができるようになる 多面的な思考・客観的な見方・考え方ができるようになる
社会性	大人への依存が減少し干渉を嫌う　自主的・自立的な態度が発達する　大人と同じ行動をとろうとする　大人への不信感をもつようになる
自己	自己意識が高まってくる　自己肯定感がもてず、劣等感をもちやすくなる 思春期に入り、異性や性的なことへの関心が高まる

中学生　心理的離乳、反抗期

生理的機能	身体の急速な発達　第二次性徴が進む
社会性	家族より友人関係を大切にする　親や社会に対する批判や反抗 規範意識に欠けることがある
自己	自己の内面に気づきはじめる　自分への関心が高くなる（容姿や体型を気にする） 自立と依存のあいだで葛藤する　自分の学力や能力を自覚しはじめる
注意	メディア・情報・流行に敏感で流されやすい　親子のコミュニケーションが不足する時期

高校生　子どもでもなく大人でもない猶予期間（モラトリアム）

生理的機能	大人とほぼ同じ
社会性	思春期の混乱から抜け出す　社会へ向かう気持ちが強くなる 特定の人と濃密な人間関係をもとうとする
自己	親の保護から脱却し自立へ向かおうとする　進路決定の時期、自分の将来について真剣に考えようとする
注意	目の前の楽しさだけを追求する　将来について考えようとしない　社会や公共への意識や関心が低いなどの傾向が指摘されている

特別な配慮が必要な子ども

保育所や幼稚園などには、身体に障がいがある子ども、全体的に発達の遅れがみられる子ども、じっとしていることが苦手な子ども、友達とのかかわりがもちにくい子ども等、保育者の個別の対応や特別な配慮を必要としている子どもがいます。医師の診断を受け、障がいの認定を受けている子どももいますが、乳幼児の場合、個人差や環境による影響を受けていることもあるため、経過を観察している場合もあります。

現在は特別支援教育やインクルージョンの考え方が広がっており、障がいの有無にかかわらず、すべての子どもたちがお互いの良さを認め合いながら共に育ち合うことが求められています。そのため実習生も子どもたち一人一人への理解をていねいに行い、子どもにどのような援助や配慮が必要なのかを考えてみてほしいと思います。

その子どもの困っていることを探ってみる

実習生の視点から、どのような状況や場面で、子どもが困ったりとまどったりしているのかを考えてみましょう。保育をする側の立場からみれば「集団行動が苦手な子」に見えていることも、その子の側からみれば「ざわざわとした場所にいることは不安」と思っている場合などもあります。子どもの立場に立って、園生活、園環境、保育内容等を見ることで、その子どもへの配慮や援助を考えてみましょう。

子どもをよく観察し、子ども理解に努める

子どもをよく観察し、子どもの視点から、何に難しさを感じているのかなど、状態を理解しましょう。できないことだけについ目を向けてしまいがちですが、好きなこと、できること、しようとしていること等にも目を向けてみましょう。きっと、その子どもへの新しい発見があると思います。子ども自身がどうしていいのかわからない状況のときには、気持ちを上手にコントロールできないものです。すべての子どもたちが安心と信頼をもって園生活を過ごせるようにすることが大切です。

保育者から学ぶ

かかわりが難しいと思う子どもに出会った際には、保育者はどのように対応しているのか、保育者の援助の仕方や配慮を学びましょう。そして、保育終了後の反省会等のときに積極的に質問してみましょう。実習生がとまどった場面を具体的に伝えて、かかわり方についての助言を受けるのも良い学びになります。環境や保育教材などの工夫をしていることも多いので、配慮の意図や子どものやろうとする力を引き出す援助などを質問してみましょう。また、個別の指導計画などがあれば見せていただいて、保育者の願いや援助方針などを理解し、実習生としてできることを考え、実践してみましょう。

子どもの苦手なことに配慮したかかわり方の例

①大きな声や高い声のトーンが苦手な子どもがいます。挨拶や言葉をかけるときには〈おだやかな声〉を心がけましょう。
②不意に声をかけられたり、身体にタッチされたりすることやスキンシップが苦手な子どもがいます。〈身体にさわらない〉ようにし、話しかけるときには〈子どもの目を見て〉話しかけるようにしましょう。
③抽象的な伝え方や長い説明をすると理解できない子どもがいます。〈おだやかな声で〉、〈短い文〉にして、何をどうしたらよいのかを〈具体的に〉伝えます。
例：×「きちんと片づけましょう」→ ○「ブロックを箱の中に片づけましょう」
×「ちゃんと座りましょう」→ ○「先生のほうを向いて椅子に座りましょう」
④予定の変更があると不安になったり、活動がかわるときに気持ちの切りかえがすぐにはできない子どもがいます。これからの予定や先の見通しを〈前もって〉伝えるようにしましょう。
⑤自分の立場からしか物事がとらえられず、他者の立場や思いへの理解が難しい子どもがいます。他者の思いを代弁したりすることで、他者理解の芽生えを育みましょう。どうしても注意をしなければならないときには、やってはいけないことやその理由を具体的に伝えましょう。

心がけたいこと

●どんなに小さなことでも子どもが努力したことは言葉や態度で具体的に〈認める〉ように心がけます。そのことをほかの子どもにも伝えるようにすることで、子ども同士の関係をつなげていく可能性もあります。
●落ち着かない行動、乱暴な行動、強いこだわり、パニック状態などは、子どもからの「困っている」というサインでもあります。どうかかわっていいかわからないときも多いと思いますので、子どもの安全を確認しながら保育者に協力をお願いしましょう。さらに、そのことを振り返り、その子どもへの理解を深めるようにしましょう。

実習生や保育者が困ったとき、子ども自身はもっととまどったり困っているかもしれません。そのように考えると、落ち着いてその子どもとかかわることができるのではないでしょうか。慣れない実習生とのかかわりを嫌がる子どももいますが、子どもの気持ちを考え、無理せず子どもに寄り添い、よりよい援助や必要な配慮を心がけながらかかわりましょう。

外国とかかわりのある子ども

両親が外国籍、あるいは両親のいずれかが外国籍の子どものなかには、母語が日本語ではない、日本人と容姿が異なる、衣食住などの生活習慣やコミュニケーションの取り方などに違いが見られることがあります。また、両親が日本人であっても長期間海外で生活してきた子どものなかには、日本語が十分に理解できない、日本よりも外国の習慣や文化になじんでいる子どもがいます。

保育者はできるやり方で保護者とコミュニケーションをとりながら、その家庭の習慣や保護者の価値観・考え方を理解する努力をしています。実習生は外国人の子どもや日本語が苦手な子どもを特別視したり、過度に特別扱いするのではなく、日常生活での困難や、友達との会話やかかわりにおけるつまずきに気を配りましょう。そして保育者に具体的な援助の仕方や配慮について質問や相談をし、必要に応じて援助ができるようにしましょう。

日本の子どもたちにとっても、外国とかかわりのある子どもたちと過ごすことは、異なる言語や多様な文化や価値観に触れることができ、異文化理解の貴重な機会になります。それが将来、国際人として育っていくために必要な素養になるかもしれません。

3 実習に必要な心構え

実習園・施設が求める実習生

実習生は実習先で、子どもや施設の利用者、その家族、職員、地域の人など、さまざまな人とかかわります。そこでまず実習生に求められるのは、人とかかわる力と、保育や福祉を学ぼうとする向学心、積極性や謙虚な姿勢・態度です。

実習先の子どもや利用者、実習担当保育者の視点から、どのような実習生が求められているか見てみましょう。

ワークシート p.3

【子どもや利用者の視点から】

・笑顔で明るく親しみやすい実習生
・子どもや利用者の気持ちを理解しようとしながらかかわってくれる実習生
・一緒に遊んだり、生活に寄り添ってくれる実習生
・遊びや生活を妨げず安全に気を配り、安心して過ごせるように見守ってくれる実習生
・楽しい遊びや活動を提案・実践してくれる実習生

【実習担当者の視点から】

・健康状態が良好で、子どもや利用者と生き生きと楽しそうにかかわる実習生
・自分から挨拶をし、積極的に質問をする前向きな実習生
・注意やアドバイスを素直に受け入れ、改善しようとする実習生
・礼儀正しく、社会的なマナーを身につけている実習生
・頼んだことを誠実に、責任をもって行う実習生
・指示を待つだけでなく、学んだことを生かして自分で考えて行動しようとする実習生
・明確な目標や目的意識をもって、子どもや利用者、保育者、保護者、実習園の環境や保育、実習施設の意義などについて、進んで学ぼうとする実習生

具体的にどのような態度や姿勢で学んだらよいか、確認してみましょう。

実習生に求められるもの

実習生

人間性コミュニケーション
・笑顔　・誠実さ
・素直さ
・親和性（親近感）
・清潔感

実習生としての姿勢・態度
・礼儀正しさ　・謙虚さ
・向学心　・責任感
・自主性　・積極性

健康　**元気**

子どもとのかかわり
・子ども理解　・共感性
・安全への配慮
・見守る力　・保育技術
・生き生きとしたかかわり

実習にのぞむ態度・姿勢

1 人とのかかわり

明るい笑顔

実習先では緊張して表情が硬くなることがあります。何を考えているのかわからない、怒っているように見える、不機嫌に見えるなど、相手から誤解を受けてしまうことがあります。口角（口の両端）を上げて子どもや利用者の方が声をかけやすくなるような優しい笑顔を心がけましょう。

挨拶と会釈

日ごろから日常的な挨拶が自然にできるようにしておきましょう。保育の場では子どもたちの声で実習生の声が聞こえなくなってしまうことがあります。相手のほうにからだを向けて目を見て、口をはっきり動かし、まわりの状況に合わせて相手に届く声の大きさで挨拶をします。

挨拶と合わせて、腰を90度に下げ頭を下げる深い礼、腰を45度程度に下げる中くらいの礼、頭を軽く下げる礼などの会釈もします。一度挨拶した方とすれ違うときは、笑顔で会釈をするとよいでしょう。

日常的な挨拶の例

「おはようございます」「こんにちは」「こんばんは」
「いただきます」「ごちそうさまでした」「よろしくお願いします」
「ありがとうございます」「申し訳ありません」「失礼いたします」
「おやすみなさい」「さようなら」など

言葉づかい

子どもや利用者・保護者・職員の方と話をするときには、親しい人と話すようなラフな話し方ではなく、ていねいな言葉づかいで話します。とくに目上の方と話すときには敬語を使えるようにしておきましょう。

よく使う敬語の例

尊敬語 相手の動作・状態	いる・行く・来る→**いらっしゃる（いらっしゃいます）** 話す・言う→**おっしゃる**、食べる→**召し上がる** 見る→**ご覧になる**、帰る→**お帰りになる**
謙譲語 自分の動作・状態	行く・聞く→**うかがう**、言う→**申す（申し上げる）**、～してもらう→**～していただく**、～する→**～させていただく**、食べる→**いただく**、会う→**お目にかかる**、あげる→**差し上げる**
丁寧語	**～です、～ます、～いたします、よろしいでしょうか**

時間厳守

実習前訪問の時間、実習の開始時間、実習中の休憩時間、その他、実習担当保育者から指示された時間、保育記録や指導案の提出など、決められた時間を守りましょう。時間に遅れそうなときには、かならず事前に❶遅れる理由、❷どのくらい遅れるのかを連絡し、謝罪の言葉「申し訳ありません」を添えましょう。

連絡・報告

子どもや利用者のこと、保護者とのかかわり、園内の環境や備品についてなど、このくらいならよいだろうと自己判断せずに、どんなに小さなことでも実習担当保育者に連絡・報告をしましょう。

2 実習生としての態度・姿勢

身だしなみ

他者から見てだらしなく見える髪型や派手な化粧はマイナスイメージになります。髪で目やフェイスラインが隠れていると、表情がわからず好感をもたれないので注意しましょう。

服装は、子どもや利用者、保護者から見られる存在であることを自覚し、派手な色・柄・模様・デザインは避けて、清潔感のあるさわやかな印象になるよう心がけましょう。

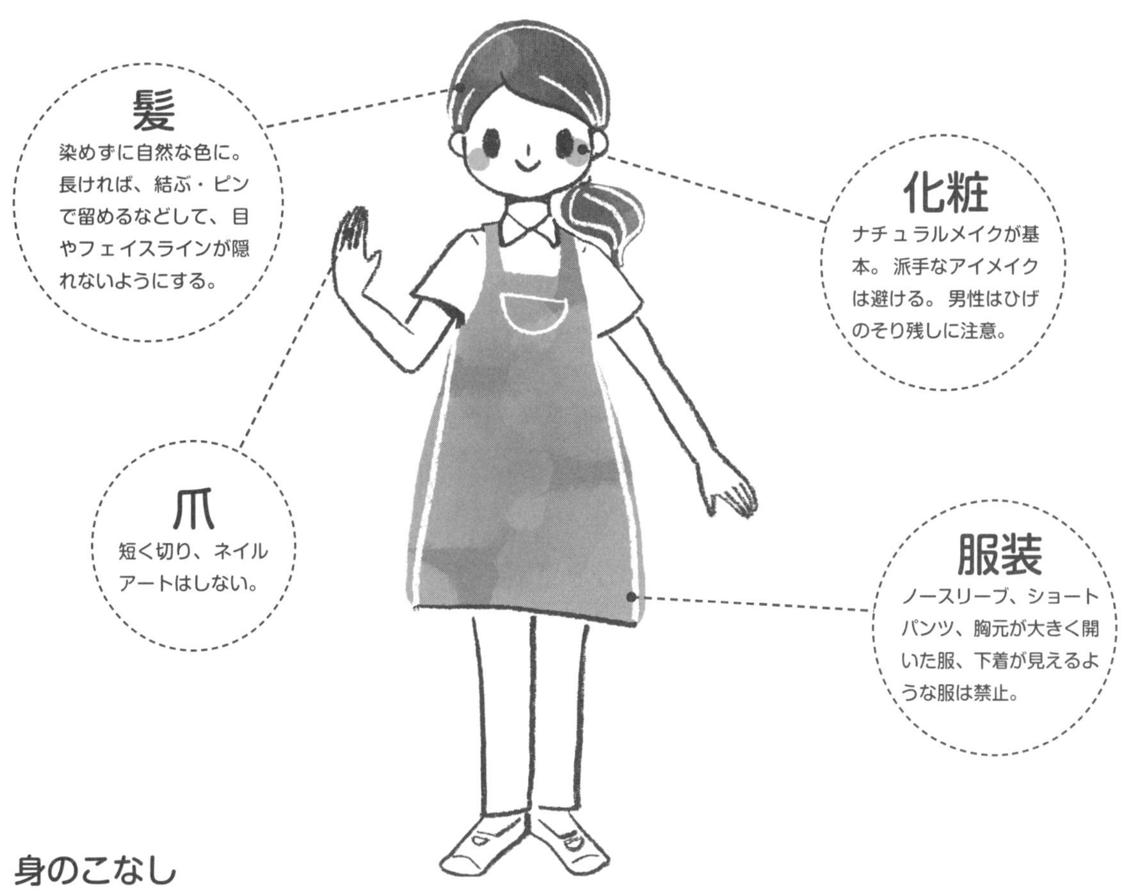

身のこなし

実習生の振る舞いは子どもや利用者のお手本になります。ポケットに手を入れない、手を後ろに組んで足を広げて（休めの姿勢で）立たない、あぐらをかかない、大股で足音を立てて歩いたりダラダラと歩かないようにしましょう。脱いだ服はたたむ、脱いだ靴はそろえる、足を組まない、机にひじをつかない、入室時にはノックをするなど、日常的な動作にも気をつけましょう。

礼儀正しさと他者への配慮

実習では子どもたちから「先生」と呼ばれ、職員の一員とみなされます。きちんと挨拶をする、お礼を述べる、ていねいな話し方ができる、きまりや時間を守るなど、相手への敬意をもち、まわりの人への気配りができるようにしましょう。

謙虚な姿勢

実習は保育や福祉の実際を学ぶために行います。まず、自分が学ぶ立場であることを忘れず、「させていただく」という気持ちをもちましょう。注意や助言は素直に聞き入れ、改善しようとする姿勢で実習に取り組みます。

積極的に行動する

実習中、何をどこまでしたらよいかとまどい、動けなくなったり消極的になることがあります。自分から子どもや利用者の視線に合わせた姿勢をとり、寄り添う気持ちで接してみましょう。また、保育を妨げないように保育者に質問をしたり、「お手伝いします」と声をかけて自分から動くようにしましょう。

健康・体力・睡眠

実習では子どもや利用者と生き生きと笑顔でかかわることが求められます。そのためには、心身の健康と体力が重要です。朝食抜きや睡眠不足は日中の活動、注意力や集中力などに影響します。日ごろからバランスの取れた食事をし、体力をつけ、規則正しい生活を送るようしましょう。

日常的な生活技術

実習生は子どもや利用者の生活をサポートする役割も担います。食事の準備や配膳、後片づけ、掃除や洗濯、衣服の片づけ、ボタンつけ、アイロンがけなど、日常的な生活技術を身につけておきましょう。

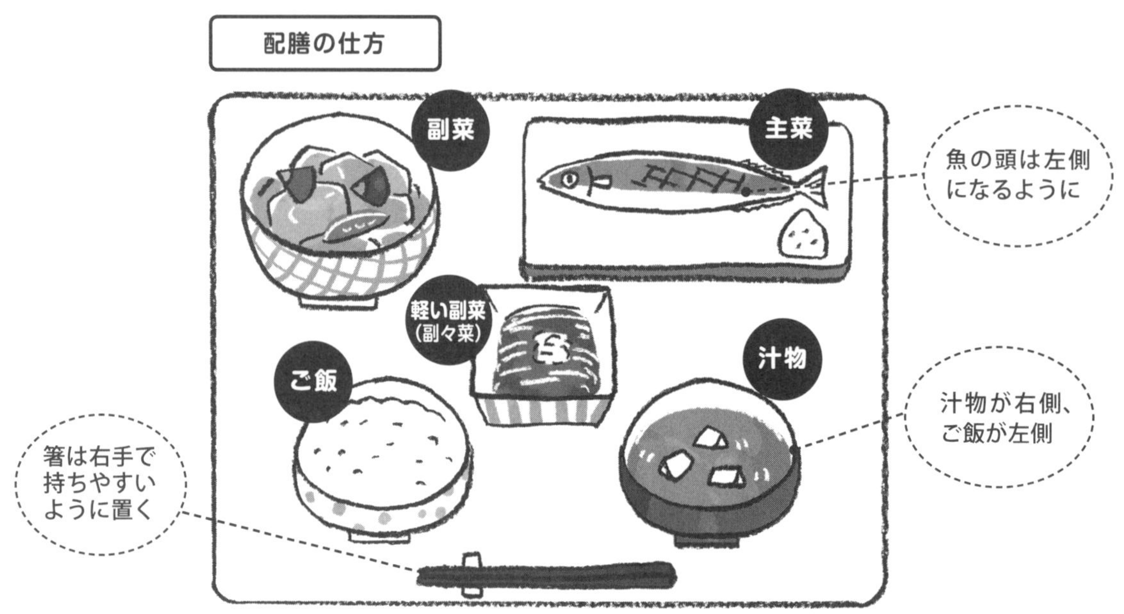

実習中の態度・姿勢チェックシート

次の項目を見て、できているものには□に✓を入れましょう。

【人とのかかわり】

□明るい笑顔で人とかかわることができる
□自分から挨拶することができる
□相手の目を見て話すことができる
□状況に合わせて声の大きさを変えることができる
□ていねいな言葉づかいで話すことができる
□年上の人と話すとき、敬語で話すことができる
□時間を守ることができる
□自分の過ちを認めて謝ることができる
□必要な情報を連絡・報告できる

【実習生としての姿勢・態度】

□まわりの人への気配りができる
□注意や助言は素直に聞き、改善しようとする
□自分から積極的に行動できる
□わからないことは質問することができる
□髪は自然な色でフェイスラインが見えている
□ナチュラルメイクで派手なアイメイクはしない
□（男性）ひげのそり残しがない
□爪は短く切り、ネイルアートなどはしていない
□清潔感のあるさわやかな服装ができる
□きちんと立つこと、座ること、歩くことができる
□座るとき、ひじをついたり、足を組んだりしない
□脱いだ服をたたむ、靴をそろえることができる
□健康で体力に自信がある
□子どもや利用者と生き生きとかかわることができる
□朝食抜きや睡眠不足はない
□偏食をせず、バランスの取れた食事をとっている
□規則正しい生活を送るようにしている
□食事の支度や正しい配膳、後片づけができる
□掃除や洗濯、衣服の片づけができる
□ボタンつけ、アイロンがけができる
□守秘義務を守ることができる

チェックのつかなかった項目は、実習までにできるように努力しましょう。

4 実習先について知る

保育所

保育所は０歳児から小学校就学前までの**保育を必要とする**乳幼児を保育する児童福祉施設です。保育所の保育の指標になるのは「保育所保育指針」で、**養護**と**教育**が一体となったはたらきかけが特性です。

「養護」とは子どもの生命の保持と情緒の安定を図るための保育士のかかわりを指します。「教育」とは子どもの心身の健全な成長・発達を助長することで、その内容を考える視点に「５領域」があります。

ここで保育士一人が担当する子どもの人数の上限を確認しておきましょう。

０歳児：３人　１・２歳児：６人　３歳児：20人　４・５歳児：30人

認可保育所では11時間（例：7：30〜18：30）の開所が義務づけられ、各保育所によって開所時間が異なります（11時間以上、開所の保育所もある）。一人一人の子どもの保育時間は原則として８時間（児童福祉法最低基準）ですが、家庭の状況などが考慮されて決まります。

保育所では保育以外にも保護者への支援や、地域で子育てをする家庭に向けた子育てに関する情報発信、子育て相談、遊びの提案、遊び場の提供など、子育て支援の役割も担っています。

1 保育所実習で学びたいこと

●保育所の理解

・保育所の意義や役割についての理解を深める。

・保育所の一日の生活の流れを体験し、各年齢の保育内容や環境を理解する。

・保育所の保育内容（生活・活動・遊び・行事など）について理解する。

・地域子育て支援についての実際を学び、保育所の果たす役割や内容を理解する。

●子どもの理解

・子どもと直接かかわり、０歳児から５歳児までの発達の実際を理解する。

・一人一人の子どもの個性や個人差を理解する。

・年齢による発達（運動、人間関係、言葉、理解力、手先の器用さ、遊びなど）や興味・関心について理解する。

●保育所の職員、とくに保育士の職務内容を理解する

・保育所の職員の職種や職務内容の実際を理解する。

・保育士の子どもへの援助の仕方の実際や留意点について学ぶ。

・保育室や園庭の環境構成の仕方、安全への配慮などについて学ぶ。

・保護者への対応の仕方を学ぶ。

●保育士としての力（資質）を養う

・子どもへのかかわり方（援助の方法）を学び、実践する力を養う。

・安全で充実した生活や活動のための環境を構成する力を養う。

・子どもの発達を考慮して、保育活動（生活や保育実技：手遊び、絵本・紙芝居、運動遊び、表現遊び、製作ほか）の指導計画を立て、実践する力を養う。

・保護者へのかかわり方（登園時・降園時の挨拶など）を身につける。

2 保育所の一日の流れ（デイリープログラム）

（例）

時間	０歳児	１・２歳児	３・４・５歳児
7:30〜	〈特別保育〉 順次登所・健康観察・遊び	〈特別保育〉 順次登所・健康観察・遊び	〈特別保育〉 順次登所・健康観察・遊び
8:30〜	順次登所 検温・おむつ交換 健康観察 遊び 保育者とかかわって遊ぶ おむつ交換 授乳	順次登所 健康観察 遊び　好きな遊びを楽しむ 排泄（おむつ交換） おやつ 排泄（おむつ交換）	順次登所 持ち物の整理 健康観察 遊び　好きな遊びを楽しむ ＊片づけ・排泄 ＊朝の集まり
9:50	遊び 保育者とかかわって遊ぶ 睡眠	遊び 外遊び・散歩・室内遊び	好きな遊びまたは設定活動 園庭遊び・散歩 製作・表現遊び　など
11:50	授乳・離乳食 おむつ交換 睡眠	排泄（おむつ交換） 食事（離乳食） 排泄（おむつ交換） 昼寝（午睡）	片づけ・排泄・食事準備 食事・歯磨き ＊静かな遊び 排泄
14:30	目覚め・おむつ交換・着がえ 授乳・離乳食 遊び 保育者とかかわって遊ぶ	目覚め 排泄（おむつ交換）・着がえ おやつ 排泄（おむつ交換）	昼寝（午睡） ＊休息・静かな遊び 目覚め・排泄・着がえ おやつ
16:30〜	睡眠・授乳 順次降所	遊び　好きな遊びを楽しむ 順次降所	うがい・排泄 遊び　好きな遊びを楽しむ 順次降所
18:30〜	〈延長保育〉 授乳・離乳食 おむつ交換・遊び	〈延長保育〉 補食 遊び　好きな遊びを楽しむ・排泄	〈延長保育〉 補食 遊び　好きな遊びを楽しむ・排泄
〜20:00	順次降所 （注）授乳・離乳食、おむつ交換、睡眠は月齢や個々のリズムに応じて適時行う。	順次降所 （注）食事・排泄は発達や個々のリズムに応じて行う。	順次降所 （注）＊：行わないこともある。

ここで示した一日の流れは参考例です。0歳児・1歳児の保育や特別な配慮を必要とする子どもの保育については、個々の月齢・発達、生活リズムなどに合わせた流れになります。また、開所・閉所時間、各活動の時間や内容は各保育所によって異なります。

施設

保育士は保育所だけでなく、児童福祉法で定められた児童福祉施設などで保育や養護活動に携わっています。そのため保育士資格の取得には、保育所以外の児童福祉施設や障がい者施設での実習が必修とされています。

児童福祉施設実習はさまざまな種別の施設で行われます。自分が実習する施設が決まったら、その施設の種別の目的や役割、どのような人がその施設を利用しているかなど基本的なことを調べておきましょう。

1 施設実習で学びたいこと

施設の社会的意義について

みなさんのなかには、保育所以外の児童福祉施設や障がい者施設にあまりなじみのない人もいるかもしれません。しかし、家族とともに生活することができない子どもたちが安心して育つために、また障がいをもっている人たちが生き生きと生活するために、施設は欠かすことのできない社会資源です。施設が子どもや利用者、その家族に果たしている役割について学びましょう。

施設を利用している子どもや利用者について

子どもや利用者は一人一人異なる生育歴や障がい、心身の状況にあります。施設では個別の支援計画を立てて支援活動を行っています。一人一人の子どもや利用者について個別の理解に努め、どのようなことを目的に支援が行われているのかを学びましょう。

施設内で取り組まれている保育や養護、活動の内容について

上述をふまえて、具体的に施設ではどのような保育や養護活動が展開されているのか、保育士をはじめ支援にあたる職員は、どのような意図や配慮、工夫を行っているのか、また子どもや利用者が生活や活動を行う環境はどのような配慮や工夫がなされているのかを学びます。

施設で働く保育士の職務や役割、他職種との連携について

同じ保育士であっても、就学前の乳幼児に主に日中の保育を提供する保育所と、18歳までの児童を対象に24時間365日の生活を保障する居住型施設、障がいなど特別なニーズをもつ子どもや利用者の療育、生活や活動の支援を行う福祉施設とでは、職務内容に相違があります。

たとえば、児童養護施設では子どもに向かい合って行う養護活動だけでなく、子どもたちの生活環境を整えるための掃除や食事の支度、洗濯やアイロンかけ、病院の受診の付き添いや園・学校との連絡、学校行事への参加等が職務となります。

また、児童福祉施設では、保育士は各施設の目的に応じて児童指導員や支援員、医師、看護師、心理担当職員、栄養士、理学療法士、作業療法士、言語聴覚士など他職種の職員と連携し、子どもや利用者の支援にあたっています。

＊原則「障がい」と表記。ただし、法律・制度上で用いられてる施設名などの用語はそのままの表記としています。

専門職としての価値観や職業倫理について

子どもや障がいをもつ人たちは、自分の力だけで自分の人権を守ることは困難です。そのため、児童福祉施設や障がい者施設の職員には専門職としての価値観や職業倫理がより求められます。子どもや利用者の権利を侵害することのない、人権を擁護していく支援の基礎となる価値観や職業倫理について、現場の実践を通して学んでください。子どもや利用者のプライバシーの保護にはとくに注意が必要です。

2 実習施設の種別

保育所を除く保育実習施設（施設実習）の種別は以下の表のとおりです。ただし「児童厚生施設」での実習は、保育実習Ⅲ（選択実習）でのみ認められています。また、施設実習には、居住型の施設、通所型の施設、利用型の施設がありますが、居住型施設での実習を希望する実習生に対しては、実習施設の選定に際して配慮することが求められています。

施設実習は、表にあるように対象者や目的の異なる複数の施設種別での実習が想定されています。しかし、保育実習で経験できるのはそのうち1種別のみ、多くても2つの種別のみです。自分の実習施設の種別がわかったら、各自でその施設の対象児・者や目的、支援の内容、近年の傾向などについて調べて実習に備えてください。実習終了後には、他の種別で実習した友人たちと施設実習での学びを共有し、保育所以外の施設で、保育士がどのような役割・職務を担っているのかについて学びを深めましょう。

社会的養護を必要とする子どもための施設	
1 乳児院	虐待や保護者の病気など養育力の欠如により家庭で育てることのできない、おおむね3歳未満の子どもを養育する居住型の施設です。
2 児童養護施設	虐待や保護者の病気など養育力の欠如により家庭で生活することのできない、おおむね3歳以上の児童を養育する居住型の施設です。自立支援やアフターケアにも力が入れられています。児童養護施設の入所年齢はこれまで「原則18歳（最長22歳）まで」とされていましたが、2022（令和4）年の児童福祉法改正で事実上、年齢上限が撤廃され、都道府県知事が認めた時点まで児童養護施設において自立生活援助の実施が可能になるとともに、教育機関に在学していなければならない等の要件も緩和されました。
3 児童相談所一時保護所	虐待や非行のために緊急に保護を必要とする児童を一時的に保護します。保護の期間は原則として2ヵ月以内とされています。
保護を必要とする母子のための施設	
4 母子生活支援施設	母子世帯の母子に住居を提供するとともに、子育てや就労の相談に応じるなど生活の支援をすることによって、母子世帯の自立をめざします。
行動上の問題を抱えている子どものための施設	
5 児童自立支援施設	不良行為をした児童やその恐れのある児童、家庭環境などの理由から生活指導を要する児童に必要な指導を行い、その自立を支援します。入所での利用とともに通所での利用も可能です。
6 児童心理治療施設	心理的困難や苦しみを抱えて、日常生活の多岐にわたって生きづらさを感じ、心理治療を要する児童に治療を行います。入所での利用とともに通所での利用も可能です。
児童の健全育成を目的とした施設	
7 児童厚生施設	児童に健全な遊びを提供してその健康を増進し、情操を豊かにすることを目的とする施設。児童遊園と児童館があります。

障がいをもつ子どもための施設	
8 福祉型障害児入所施設	障がいをもつ児童を保護し、日常生活の指導や独立自活に必要な知識技能の維持・向上の支援を行う、入所型の施設です。旧法の知的障害児施設、盲児施設、ろうあ児施設、第二種自閉児施設、肢体不自由児施設が該当します。
9 医療型障害児入所施設	障がいをもつ児童を保護し、日常生活の指導や独立自活に必要な知識技能の維持・向上の支援に加えて医療的ケアを行う、入所型の施設です。児童福祉施設であると同時に病院でもあり、旧法の重症心身障害児（者)施設、肢体不自由児施設、第1種自閉症児施設が該当します。
10 児童発達支援センター	障がいをもつ児童に日常生活における基本的動作の指導、独立自活に必要な知識技能の維持・向上の支援、集団生活への適応のための訓練を提供する通所型の施設です。これまでは「福祉型」（すべての障害児を対象に福祉的支援を提供）と「医療型」（肢体不自由児を対象に福祉的支援に、併せて治療（リハビリテーション）を提供）に分かれていました。身近な施設で必要な発達支援が受けられるよう、2022（令和4）年の児童福祉法改正により「福祉型」と「医療型」の区別がなくなりました。しかし、従来の医療型児童発達支援センターについては、引き続き、併せて肢体不自由児への治療（リハビリテーション）を行うことが可能とされています。
障がいをもつ大人のための施設	
11 障害者支援施設	障がいをもつ人に衣食住の生活支援と日中活動のプログラムを提供する、入所型の施設です。従来、保育実習施設とされてきた知的障害者入所更生施設は、夜間に住居の提供と生活支援を行う「施設入所支援」と日中の介護を行う「生活介護」あるいは地域での自立生活をめざすための「自立訓練（機能訓練、生活訓練)」を組み合わせた障害者支援施設に移行しました。また、知的障害者入所授産施設は、「施設入所支援」に「自立訓練（生活訓練)」、一般就労に向けた訓練を行う「就労移行支援」あるいは一般就労の困難な利用者に働く場の提供と必要な訓練を行う「就労継続支援」を組み合わせた障害者支援施設に移行しました。
12 指定障害福祉サービス事業所	さまざまな障害福祉サービスを行う事業所のことで、保育実習の対象となるのは、生活介護、自立訓練、就労移行支援、就労継続支援を行っている通所型の施設です。旧法の知的障害者通所更生施設は、「生活介護」あるいは「自立訓練（機能訓練、生活訓練)」を提供する指定障害福祉サービス事業所に、知的障害者通所授産施設は「自立訓練（生活訓練)」「就労移行支援」「就労継続支援」を提供する指定障害福祉サービス事業所に移行しました。
13 国立重度知的障害者総合施設のぞみの園	重度の知的障害者に対する自立のための先導的かつ総合的な支援の提供、知的障害者の支援に関する調査及び研究等を行うことにより、知的障害者の福祉の向上を図ることを目的としている施設です。

Point

障がいをもつ大人の施設で実習する意義

なぜ大人の施設で保育実習をするのか、とまどう人も多いかもしれません。しかし、障がい者施設での実習を経験した先輩の多くは、大きな学びと充実感を得ています。それは、これまであまり障がいをもつ人とのかかわりがなく、知らないが故にもっていた障がい者への先入観や偏見が、実習中のかかわりを通して変化していくことが実感できるからです。

保育の現場では、障がいをもつ子ども、障がいをもつ兄弟のいる子ども、障がいをもつ保護者や地域の方々に出会うことと思います。そのときに保育者として、どのようにその人たちを理解し支援していけるか、また保育の場で子どもたちに障がいをもつ友達や大人のことをどのように伝えていけるかは、とても大事なことです。実習では、個々の障がいだけに着目するのではなく、その人の個性を知り、全人的にとらえていく姿勢が望まれます。

また、利用者の生活全般にわたる支援や介助について具体的に学ぶとともに、なぜ障がいをもつ方々の社会参加や地域生活への移行がなかなか進まないのかなどについても考えてみましょう。

3 施設の一日の流れ（例）

乳児院

6：30　起床
8：00　朝食
9：00　離乳食
10：00　おやつ・遊び
11：30　昼食
12：00　午睡
14：30　おやつ・離乳食
15：00　入浴
16：00　遊び
17：00　夕食
18：00　遊び
20：00　就寝

児童養護施設

6：30　起床
7：00　朝食
7：30〜8：00　登校
9：00　幼稚園に登園
10：00〜11：30
　未就園児の保育
12：00　昼食
13：00〜14：00
　未就園児睡眠
15：00〜小学生順次下校
15：30　おやつ・宿題
16：00　自由時間・入浴
18：00　中高生、順次下校
18：30　夕食
19：30　学習・入浴・
　自由時間
20：00　幼児就寝
22：00　就床、消灯

障害者支援施設

7：00 起床・洗面
8：00 朝食・服薬・歯磨き
9：00 休憩
9：45 朝の会
10：00 日中活動の開始
12：00 昼食・休憩
13：00 日中活動の再開
14：30 ティータイム
16：00 日中活動の終了
16：30 入浴
18：00 夕食・服薬・歯磨き
19：00 自由時間
21：00 就寝準備
22：00 就寝、消灯

福祉型障害児入所施設

6：30　起床・洗面
7：00　朝食
7：40　通常学校生の登校
8：40　特別支援学校生の登校
9：00　日中活動開始
12：00　昼食
13：00　日中活動の再開
15：00　特別支援学校生の下校
15：30　日中活動終了
16：00　通常学校生の下校
17：30　夕食
19：00　入浴
20：00　幼児、小学生就寝
21：00　中学生以上就寝

児童発達支援センター

9：30　登園・排泄・朝の仕度
10：00　自由遊び
10：30　朝の集まり
10：45　設定保育
11：30　排泄・手洗い
11：40　昼食
12：30　自由遊び
13：00　設定保育
13：40　排泄・帰りの仕度
13：50　帰りの集まり
14：00　降園
必要に応じて個別指導や援助

memo

幼稚園

幼稚園は学校教育法で定められた教育機関ですが、幼児期の特性から、**環境を通した教育**、また**遊びを中心とした教育**を行っています。地方公共団体が設立している公立幼稚園と、学校法人や宗教法人、個人立等の私立幼稚園があります。私立幼稚園の場合、建学の精神や沿革、園の規模などがそれぞれ異なりますので、園のホームページなどでその特色を理解して実習に臨むように心がけます。

1 幼稚園教育実習で学びたいこと

前述したように、幼稚園教育の基本は環境を通して行う教育であり、子どもたちの自発的な遊びを通して、**心情・意欲・態度など生きる力の基礎**を育てることを大切にします。また、幼稚園教諭は子どもと**信頼関係を築く**ことを基本にし、子どもが自分からやりたいと思えるような援助を心がけています。そのため、以下のような点に注目して学びましょう。

子どもにふさわしい園環境

園全体の構成、園舎、園庭、保育室など、環境構成における工夫や意図を理解します。また、安全に生活するための基本的な約束事も理解しましょう。

園環境の整備や清掃の仕方

清掃は雑用ではありません。子どもたちが安全で快適に生活できるための大事な間接援助です。

子ども理解について

保育は子ども理解がすべての基礎です。子どもとたくさんかかわりながら、子ども理解を深めましょう。子どもの遊び、仲間関係、育ち、興味のあることなどを実際の子どもの姿からとらえてみてください。実習生とかかわりを求める子どもばかりではなく、自分からはかかわってこないような子どもとも関係がつくれるようにします。また、特別な配慮を必要とする子どもへの援助についても学びましょう。

園生活の流れ

登園から降園までの一日の生活の流れ、そこにおける保育者の配慮などを学びましょう。通園バスがある園では、子どもの登降園に時間的な差がある場合があります。その場合の配慮なども学びましょう。

保育者の業務内容

保育者の手伝いを積極的にしながら、仕事の内容や勤務体制などを学びます。また、保育者の子どもへの援助（自発性を促す言葉がけや待つこと、促すことなど）についても学んでください。

保育内容

季節に即した行事や保育内容、子どもの育ちに適した保育内容などを理解しましょう。また、グループ活動や当番活動など、クラス運営についても学びましょう。さらに、預かり保育、地域の子育て支援などについても視点を向けてみてください。

保育の実際

絵本や紙芝居の読み聞かせ、手遊び、ピアノの伴奏などを子どもの前で行い、子どもの生活を豊かにする保育技術について学びましょう。

家庭や地域との連携の姿

登園・降園時の保護者とのかかわりや園だよりやクラスだよりなどを見せてもらい、家庭との連携の実際を学びましょう。また、日常における地域との連携、行事などを通した地域との連携についても学んでください。

保育における計画や評価

園の教育課程や指導計画を見せてもらい、保育における計画を学びます。さらに、自分で指導計画を立てて部分実習や一日実習を行い、評価・反省をしましょう。

保育における記録の重要性と振り返り

実習記録を記入し、保育者の援助や子どもの姿を記録するとともに、自分の保育実践を振り返り、自己課題を明確にしていきましょう。

幼稚園の保育時間は4時間が標準です。通常は午前8時半～9時半に登園し、午後1時半から2時半くらいに降園します。通常の保育時間の前後に行われるのが預かり保育（教育課程終了後等に行われる教育活動）です。一日の生活の流れは園によって、あるいは季節や保育内容によっても変わってきます。下の表はその一例です。

2 幼稚園の一日の流れ

時間	内容
7：00～8：30	預かり保育を受ける子どもたちは登園し、室内で遊ぶ。
8：30～9：00	登園（園バス、保護者と徒歩や自転車での登園など）　所持品の始末（通園バッグや園服を始末し、おはようブックなどにシールを貼ります）　自由遊び　室内や園庭で好きな遊びを展開します。保育者は子どもの遊びを保障する環境を整えます。
10：30～11：30	片づけ　集会　出欠確認　季節の歌　連絡事項等　時にはクラス全体での活動（製作、ゲーム、運動、楽器、歌、栽培等）を行ったりもします。
11：30	昼食準備
12：00	昼食　家庭からのお弁当、仕出し弁当の給食、園で作る給食などさまざまです。 片づけ　自由遊びや当番活動（動物の飼育、清掃など）
13：00	片づけ　帰りの支度
13：30	（発表、話し合い、歌、絵本、紙芝居等）帰りはみんなで集まり、一日の出来事を伝え合い、明日の予定についての話を聞いたり、園からの配布物を受け取ったりします。一度、心を落ち着かせることも大切です。
14：00	降園（園バス・保護者のお迎え）
14：00～18：00	預かり保育　おやつを食べたり、遊んだり、活動したりして保護者のお迎えを待ちます。

認定こども園

認定こども園は、就学前の子どもに教育・保育を提供するとともに、地域における子育て支援を行う幼稚園と保育所の両方の機能を備えた施設です。大きく分けて4つのタイプの認定こども園（下記参照）があります。

【認定こども園の4つのタイプ】

タイプ	説明
幼保連携型	幼稚園的機能と保育所的機能の両方の機能を併せ持つ単一の施設。
幼稚園型	認可幼稚園が保育時間をより多く確保することで保育所的な機能を備える。
保育所型	認可保育所が保育を必要とする子ども以外の子どもも受け入れるなどして、幼稚園的な機能を備える。
地方裁量型	幼稚園・保育所いずれの認可もない地域の教育・保育施設が、就学前の子どもに幼児教育や保育を提供する。

当初、認定こども園は文部科学省と厚生労働省の両方から、それぞれの管轄の部分について別々に認可を受けなければならない仕組みになっており、とても複雑なものでした。そのため、その数もあまり増えませんでした。しかし、平成27（2015）年4月に「子ども・子育て支援新制度」が始まり、「幼保連携型認定こども園」を幼稚園と保育所という2つの施設ではなく、学校かつ児童福祉施設である1つの施設として認可することになりました（現在の管轄はこども家庭庁）。その結果、認定こども園の数は増えています。

認定こども園で働く保育者には、幼稚園教諭免許と保育士資格の両方をもつことが望まれています。免許・資格をもつ保育者は、「保育教諭」と呼ばれます。経過措置として、どちらか1つしかもたない保育者も排除しないようになっていますが、満3歳以上は幼稚園教諭免許保有者が、満3歳未満児や長時間利用児の担任や対応は保育士資格保有者が担当するという原則があります。

認定こども園の保育の内容は、「幼保連携型認定こども園教育・保育要領」を基準に行われています。「幼保連携型認定こども園教育・保育要領」は「幼稚園教育要領」や「保育所保育指針」との整合性が図られており、長年、幼稚園や保育所で大事にされてきたことは引き継がれたものになっています。

認定こども園は就学前のすべての子どもを対象にした施設です。そのため、年齢や保育時間など、いろいろな形の保育を受ける子どもがいます。認定区分は以下のとおりです。

1号認定　満3歳以上の教育標準時間認定
2号認定　満3歳以上の保育認定（長時間保育利用）
3号認定　満3歳未満の保育認定（長時間保育利用）

＊2号認定・3号認定は、保育を必要とする事由や保護者の状況に応じて、保育標準時間（最大11時間）もしくは保育短時間（最大8時間）利用。

第2部 実習の進め方

ここでは、実習前・実習中・実習後における具体的な準備や学びについての理解を深めます。実習生カードや実習記録・指導計画・実習報告書の考え方や書き方などがわかりやすく解説されていますし、ワークシートを使いながらの練習もできるようになっています。実りある実習に向けて、Let's try ！

1 実習に出る準備をする

実習生カード（実習生個人票）の書き方

実習園・施設に実習生自身のことを知ってもらうために、実習生カード（実習生個人票）を作成し、オリエンテーション時に持参するか、あるいはオリエンテーション前に学校から園または施設に郵送します。自己紹介をするつもりで、実習への意欲が伝わるように気持ちを込めて作成しましょう。

実習生個人票（例）

実習園・施設名　学校法人 さくら学園　　さくら第一幼稚園

実習期間　20××年６月10日～20××年 ６月24日

> 西暦なら西暦、元号なら元号で統一します。

○○大学△△学部　□□学科３年		学籍番号	12345657	写　真 (4㎝×３㎝) 3か月以内撮影 写真裏面に 学校名・氏名 記入のこと
ふりがな	あきた　　はるこ	性　別	生年月日　(年齢)	
氏　名	秋田　春子 ㊞	男・㊛	19××年12年19日 (満20歳)	
ふりがな	とうきょうと　みなみく　あおばだい			
現住所	〒111-2222 東京都南区青葉台１－２－３　メゾンアンルージュ301号室			
電話番号	03－1234－5678	携帯電話	090－9876－5432	
fax	なし	メールアドレス	aki-haru＠×××××.ne.jp	
ふりがな	ながのけん　いなし　みどりがおか			
保護者住所・電話番号	〒999－8888 長野県伊那市みどりが丘 ４－５－６ (電話番号　0265－987－6543)			
学　歴　・　職　歴				
	学　歴			
20××年3月	長野県立栃の木高等学校　卒業			
20××年4月	○○大学△△学部　□□学科　入学			
	現在に至る			
	職　歴			
	な　し			
	以上			

> マンション、アパート名も記入しましょう。

> 無い場合は「なし」と記入します。

> アドレスを複数もっている場は、最も連絡のとりやすいものを記入するとよいでしょう。

> 保護者と同居の場合は「同上」と記入します。

> 学歴と職歴はそれぞれ行の中央に見出しをつけ、分けて記入します。

> みなさんは在学中ですので、現在の大学等に入学したの行の左端に「現在に至と記入します。最終学年に籍の場合は、「20××年3 ○○大学△△学部□□学 卒業見込み」と記入してもいでしょう。

> 職歴にはアルバイトは含みません。職歴がない場合は「なし」と記入します。

> 学歴・職歴をすべて記入し終わったら、次行の右端に「以上」と記入します。

記入にあたって

通常は「実習生カード」「実習生個人票」などと称される学校指定の用紙に、黒のペンで記入します。間違えてしまっても**修正液は使わず**、新しい用紙に書き直すか、あるいは間違えた箇所に二重線を引き、訂正印を押して上部に正しい文字を記入します。提出する前に、自分用の控えとして1部コピーをとっておくとよいでしょう。

写真について

履歴書用の写真を用意します。男子は**スーツにネクタイ**着用、女子は**スーツに襟のあるブラウスやシャツ**着用が原則です。髪は自然な髪色で、前髪が目にかからず、またフェイスラインがはっきり見えるようにします。化粧をする場合は薄めにし、顔色がよく見える程度にとどめましょう。

（20××年５月12日記入）

年　月	日　数	実　習　内　容
実　習　経　験		
20××年6月	12日間	南区立かえで町保育園にて保育実習
20××年2月	12日間	社会福祉法人夏見会ひまわり乳児院にて保育実習

その他の保育・福祉に関する経験

年　月	日　数	活　動　内　容
20××年10月	2日間	中里市地域まつりにて障がい者の介助ボランティア
20××年7月	3日間	南学童保育クラブのキャンプにてキャンプリーダーのボランティア
20××年8月	20日間	南区立かえで町保育園にて保育アルバイト

得意な科目・分野
こどもと音楽　児童文化
保育内容（表現）　保育教材研究

資格・趣味等
資格：実用英語技能検定２級
○○○ピアノグレード８級
趣味：バスケットボール（中学、高校、大学とサークルに所属）

性格
明るく協調性のある性格で、いつも笑顔でまわりの人たちとかかわることができます。またスポーツで培った粘り強さもあり、目標に向かって努力することが好きです。

健康状態
良　好

実習に向けての抱負・課題
幼いころより幼稚園教諭になるのが夢で、今回実習させていただくことをとても楽しみにしています。実習では３歳、４歳、５歳の各年齢で行われている活動の実際と、先生方の子どもたちへの言葉がけやはたらきかけを学ばせていただきたいと考えています。また、絵本の読み聞かせや自作のパネルシアターなども子どもたちの前で経験させていただければと思います。ご指導の程よろしくお願いいたします。

保育にかかわる科目を入れるとよいでしょう。

自分のよいところを積極的にアピールしましょう。よくわからないときは、友達や家族に聞いてみるのもよいでしょう。

どのような気持ちで実習に臨もうとしているのか、また実習ではどのようなことを学びたい、経験したいと考えているのか、具体的に書きましょう。

オリエンテーション

実習の１ヵ月～２週間ほど前に実習園や実習施設でのオリエンテーションが行われます。実際に訪問してオリエンテーションを受けることによって、より具体的に内容を理解して実習に臨むことができ、実習での学びをより充実したものにすることができます。

1 オリエンテーション前

日時の設定

先方から指定されることもありますが、多くの場合は実習の1ヵ月ほど前に実習生自身が実習園・施設に電話をして、オリエンテーションのお願いと日程の相談をします。複数で実習を行う場合は事前に互いの予定を確認し、代表者が電話をします。電話は登園・降園時などの忙しい時間帯を避け、「指導していただく」という謙虚な気持ちでていねいな言葉づかいや明るい声を心がけましょう。担当者が不在の場合は、おられる時間を確認し、またかけ直すことを伝えます。

【電話のかけ方（例）】

保育所	学生	Point
みどり保育園、△△です。	6月16日から実習をさせていただきます、さくら短期大学2年の○○○○と申します。今日はオリエンテーションのお願いをさせていただきたく、お電話いたしました。	所属学校名、学年、名前（フルネーム）をはっきり名乗り、それから用件を簡潔に伝えます。
実習生の方ですね。園長にかわりますので少々お待ちください。	はい、お願いいたします。	話の内容を了解したことが相手に伝わるように、はっきりと返事をします。
お待たせしました。園長の☆☆です。	お忙しいところ申し訳ありません。わたくし、6月16日から実習をさせていただきます、さくら短期大学２年の○○と申します。今日はオリエンテーションのお願いで、お電話をさせていただきました。	担当者にかわった場合は、再度自己紹介をして用件を話します。
さくら短期大学の方ですね。では5月28日水曜日の午後４時はいかがですか。	5月28日水曜日の午後4時ですね。大丈夫です。	大事なことは復唱して確認し、メモを取ります。
	持ち物で、何か用意するものはありますか。	聞き漏らしてしまうことがないように、事前に聞くべきことを書き出しておくとよいでしょう。
とくに用意するものはありませんが、筆記用具と上履きをもっていらしてください。		
	筆記用具と上履きですね。わかりました。では5月28日午後4時にうかがいます。	
はい、お待ちしていますね。		
	よろしくお願いいたします。お忙しいところありがとうございました。失礼いたします。（相手が受話器を置いたことを確認してから切る。）	お礼を述べ、電話を切る挨拶をします。

【やっておくこと】

・オリエンテーションの日時の決定を実習担当教員や指導室に伝える。
・配属を希望するクラスや実習の課題、目標を伝えられるように考えておく。
・実習園・施設までの交通手段や時刻表、道順、所要時間を調べる（インターネットや先輩の資料を参考にするとよい）。
・当日持参すべきものを準備する。
・オリエンテーションにふさわしい服装や身なりを準備する（学生らしいスーツ、髪型、髪色、化粧、爪など）。

オリエンテーションの持ち物チェックリスト

筆記用具	□	その他指示されたもの	
上履き	□		□
実習日誌	□		□
大学で指定された書類一式	□		□

2 当日

オリエンテーションを受ける態度

絶対に遅刻をしてはいけません。オリエンテーションから実習は始まっています。園や施設でお会いする方にはどなたにも明るく、笑顔で挨拶しましょう。説明を受けるときはメモを取り、わからないことは質問をします。オリエンテーションでの説明の聞き漏らしや確認不足は自分が困るだけでなく、実習園・施設、子どもや利用者に迷惑をかけることにもつながります。

確認すること

・園・施設の概要（沿革、特色、保育方針、クラス構成、在園児数、職員構成、施設の見取り図等）
・園・施設での保育、養護等についての内容（園や施設での保育、生活の様子、デイリープログラム、実習期間中の行事や活動の予定等）
・実習生の保育、養護等へのかかわりに関すること（配属、部分実習・責任実習の予定、その他配慮事項等）
・実習中の注意事項（実習日程、出勤・退勤時間、服装、持ち物、給食費など必要な経費の支払い方法等）

3 オリエンテーション後

・園・施設の概要や実習にあたっての諸注意等を、実習日誌の所定の箇所に記録する。
・実習担当教員に報告書を提出するなど、オリエンテーション終了の報告をする。
・オリエンテーションの内容をふまえ、実習課題や実習計画の修正、実習の準備を行う。
・部分実習、一日実習などがある場合には、教材や指導計画作成の準備を進める。

実習の目標と計画

実習目標

実習は、保育現場で子どもや保育者の姿を通して学ぶことのできる貴重な機会です。これを学習として生かすには、「実習で何を学ぶか」という具体的な課題を明確にもって臨む必要があります。下記にあげた実習の目標を参考にしながら、自分自身の実習の目標を立ててみましょう。

同じ園・施設で２回実習をする場合は、実習園・施設の保育・養育方針や特徴をよく理解したうえで、さらに個別的な目標を設定するとよいでしょう。

1.実習園・施設における一日の生活の流れについて知る

子どもたちと生活をともにしながら、登園から降園までの園生活の流れ、あるいは起床から就寝までの一日の生活の流れを学びます。子どもの発達や障がいの状況等によって生活の流れも異なってきます。

2.子どもの発達の様子や個々の特性について学ぶ

保育所・幼稚園では基本的生活習慣の自立や運動機能、ことばの発達、友達とのかかわりなどに着目して発達の様子を学ぶとよいでしょう。施設では思春期、青年期の子どもや利用者の姿を学ぶことができます。子どもたちはそれぞれに個性や特性があります。一人一人の発達や個性の理解に努めましょう。

3.実習園・施設における保育者の役割や職務内容について学ぶ

保育者は子どもたちに直接的なケアや活動の提供を行うだけでなく、保育環境を整えるための清掃や整理整頓なども行っています。さらには子どもの心の寄りどころであり、行動や考え方のモデルとしての役割も果たしています。

4.実習園・施設における保育環境について学ぶ

子どもが安心して安全に過ごせるように、また子どもが本来もっている可能性が発揮されるように、環境を意図的に整えて保育にあたっています。

5.保育実技・養護技術について学ぶ

実習ではおむつ交換や食事の介助などの養護技術や、手遊び・絵本・紙芝居などの保育実技を学び、実践に反映させます。実習の後半または２回目の実習で指導計画を作成し、一日実習に取り組みます。

2 実習に向けてのスケジュール

実習園・施設の概要について調べるところから実習に向けての準備が始まり、実習課題の立案、実習オリエンテーション、部分実習・一日実習の準備を経て実習を迎えます。実習終了後は実習記録の完成・提出、実習の振り返りなどを行います。おおよその実習スケジュールを一例として示しますので、参考にして自分の実習スケジュールを作成してみましょう。

実習計画表の例（6月保育所実習の場合）

ワークシート p.7

[4月]

日	月	火	水	木	金	土
		1	2	3	4	5
6	7	8	9	10	11	12
13	14	15	16 実習配属園の決定	17	18	19
20	21 ←	22 実習園の概要をホームページ等で確認する	23 →	24 →	25	26
27	28	29	30 実習課題の作成			

どの園・施設で実習するのかが決定するところから実習が始まります。

ホームページや先輩の資料などで実習園・施設の保育・養育方針、沿革等を確認します。

[5月]

日	月	火	水	木	金	土
			←	1 実習課題の作成	2 →	3
4	5	6	7 ←	8 実習生カード（実習生個人票）等、書類の作成・提出	9 →	10
11	12	13	14	15 実習園にオリエンテーションの依頼の電話	16	17
18	19 実習園への交通経路、所要時間等を確認	20	21	22	23	24
25	26	27	28	29	30 実習園オリエンテーション	31 オリエンテーション報告書の作成

実習担当教員とやりとりしながら作り上げていきます。

実習の約1ヵ月ほど前になったら、実習園・施設に電話をかけオリエンテーションのお願いをします。

【6月】

日	月	火	水	木	金	土
1	2 オリエンテーション報告書の提出	3 実習記録に園の概要等を記入	4 ←保育実技練習	5 保育実技練習	6 細菌検査の検体提出 保育実技練習	7 保育実技練習→
8	9 巡回指導教員の決定 ←保育実技練習	10 巡回指導教員への挨拶、実習予定の報告 保育実技練習	11 保育実技練習	12 細菌検査結果・X線結果受領 保育実技練習	13 保育実技練習	14 保育実技練習→
15	16 実習開始	17	18	19	20 （中間反省会）	21
22	23 （教員による巡回指導）	24	25	26	27 （実習反省会）	28 実習終了
29 全体の振り返り、総合所感の記入	30 実習記録を園に提出					

実習に先立ち、実習園・施設の概要やオリエンテーションの記録など、事前に書けるところを記入しておきます。

幼稚園は不要のことが多いです。

手遊びや絵本の読み聞かせ、ピアノの練習をします。実習が予定される場合は、実習教員の助言を受けながら、模擬保育の指導計画を作成しておくとよいでしょう。

実習中は園・施設の先生方からの日々の指導のほか、実習記録を通しての指導、中間反省会、最終日の反省会、教員による巡回指導等が行われます。

最終日の日誌、全体の振り返りのページ等を仕上げ、これまでの日誌もすべて綴じ込み1冊にしたものを、実習園・施設に持参して提出します。実習最終日に提出日時を伝えておくとよいでしょう。

【7月】

日	月	火	水	木	金	土
		1 巡回指導教員にお礼を述べる	2 実習園にお礼状を出す	3	4	5
6	7 実習記録を園から返却してもらう	8	9 実習記録を学校に提出する	10 実習の事後指導を受ける	11	12
13	14	15	16	17	18	19
20	21	22	23	24	25	26
27	28	29	30	31		

実習記録の返却日時についても、実習記録提出時に確認しておくとよいでしょう。

実習記録を学校に提出し、実習指導教員との個別面談や実習生同士のグループでの実習振り返りなどを行って実習は終了となります。

実習チェック表

実習前・実習中・実習後に必要な手続きについて、項目をあげています。用意していること、終わったことは□に✓を入れ、まだの項目はすぐに取りかかるようにしましょう。

①事前チェック表

実習の書類など

- □ 個人調書（履歴書）は提出していますか。
- □ 健康診断を受けて、健康診断書を発行してもらっていますか。
- □ 抗体（麻疹、風疹、水痘など）検査済みで、実習実施に必要な抗体がありますか。
- □ 細菌検査（サルモネラ菌、O157など）を実施していますか（幼稚園実習では不要）。
- □ 実習費などを学校に納めていますか。
- □ 実習施設の連絡先を控えていますか。
- □ 学校の連絡先を控えて、連絡方法も確認していますか。
- □ 実習記録に、あらかじめ記入できる内容を記入していますか。
- □ 季節や子どもの年齢に適した手遊び・紙芝居・絵本などを用意しましたか。
- □ 指導計画などの用意はできていますか。

実習前の学び

- □ 実習先の種別の目的を理解していますか。
- □ 実習先についてよく調べていますか。
- □ 実習先までの交通経路、通勤にかかる時間は調べていますか。
- □ 実習での事前オリエンテーションは実施していますか。
- □ 乳幼児期の発達について、あらかじめ学習した内容を復習し理解していますか。
- □ 障がい児・者について、あらかじめ学習した内容を復習し理解していますか。
- □ 支援が必要な子どもたちについて、
あらかじめ学習した内容を復習し理解していますか。
- □ 巡回指導の教員に挨拶に行き、実習の予定について伝えましたか。

身だしなみ・持ち物など

- □ 爪は切っていますか。
- □ 健康状態は良好ですか。
- □ 出勤簿用の印鑑（認め印）は用意していますか。
- □ 健康保険証は用意していますか。
- □ 実習先から指定された服装を用意していますか。
- □ 実習先から指定された持ち物を用意していますか。
- □ 身だしなみ（髪の毛の色、アクセサリーをはずすなど）は、実習生としてふさわしいですか。
- □ 宿泊実習の準備はできていますか。
- □ 国語辞典は用意していますか。
- □ メモ帳と黒ペンは用意していますか。

②中間チェック表

実習の書類など

- □ 実習初日に健康診断書、細菌検査などの書類を持参し提出していますか。
- □ 実習日誌は、毎日指示された時間・場所に提出していますか。
- □ 毎日、出勤簿に捺印していますか。
- □ 実習時間数や実習日数は確保できていますか。
- □ わからないことをきちんと質問できていますか。

実習中の学び

- □ 各クラスのデイリープログラムを把握していますか。
- □ 配属されたクラス（班、グループ、棟など）の日課を把握していますか。
- □ 実習実施計画を把握していますか。
- □ 実習目標に向かって、日々のねらいを立てて実践できていますか。
- □ 子どもの活動に合わせた適切な援助ができていますか。
- □ 障がいをもった方の活動に合わせた適切な援助ができていますか。
- □ 各クラス（班、グループ、棟など）の実習担当保育者の指示に従うことができていますか。
- □ ほう（報告）・れん（連絡）・そう（相談）を実践していますか。
- □ 積極的にかかわることができていますか。
- □ 言葉づかいや立ち振る舞いに注意をしていますか。
- □ 巡回指導を受けましたか。

生活

- □ 十分な睡眠時間はとれていますか。
- □ 健康状態（発熱、咳、鼻水、腹痛など）は良好ですか。
- □ 三度の食事をきちんととっていますか。
- □ 遅刻をしないように、早起きを心がけていますか。
- □ 忘れ物をしていませんか。

③終了後の振り返りチェック表

チェック表

- □ 実習日誌の最終的な点検（修正、総合所感の完成）ができていますか。
- □ 実習日誌の提出・受け取りについて実習担当指導者と相談できていますか。
- □ お礼状を送りましたか。
- □ 巡回指導のお礼を述べましたか。
- □ 実習目標は達成できましたか。
- □ 自己課題は明確になりましたか。
- □ 学校に実習終了の報告をしていますか。
- □ 事後指導の授業スケジュールを把握していますか。

評価

「評価」とは、学習の目標とその取り組みに対して、どの程度達成できたかを測る基準です。多くは他者が行うものであり、みなさんも実習先そして学校の指導実習者により評価を受けます。評価については、下記の**PDCAサイクル**が参考になります。

Plan（計画）→ Do（実行）→ Check（評価）→ Action（修正）

計画し、実行したことを評価し、そして修正するというサイクルです。実習の目的も、こうしたところにあります。つまりCheck（評価）で良かった・悪かったということに一喜一憂するのではなく、それをもとに自分を振り返り、Action（修正）へとつなげることで、新たなPlan（計画）に挑戦していけるようになることが重要です。

自己評価とは、自分自身の実習内容を振り返るためのものです。実習は保育現場で実際に学ぶというだけでなく、社会人としての振る舞いや、またプロフェッショナルの卵としての専門性を問われる場でもあります。まだ社会人経験のないみなさんとプロの視点は異なるものであり、みなさん自身が「がんばった」つもりでも、それはプロとしての水準には達していないと判断されることがあります。

そのため実習先がどのような視点で評価を行っているかを知っておけば、それにふさわしい振るまいを心がけることができます。下は保育実習評価基準項目の一例です。評価内容をチェックしましょう。

保育実習の評価基準（例）

ワークシート p.5

項目	評価の内容	評価		
		良い	普通	努力が必要
態度	意欲・積極性			
	責任感			
	探究心			
	協調性			
知識・技能	施設の理解			
	一日の流れの理解			
	乳幼児の発達の理解　子どもや利用者のニーズの理解			
	保育計画・指導計画・支援計画の理解			
	保育・養護技術の理解			
	チームワークの理解			
	家庭・地域社会との連携			
	子どもや利用者とのかかわり			
	職業倫理			
	健康・安全への配慮			

出典：全国保育士養成協議会編『保育実習指導のミニマムスタンダード』北大路書房、2007年、p. 126-127を改変

2 実習中に

実習記録(日誌)

1 実習を記録することの意味

実習は、保育の現場に臨みながら学ぶことですが、子どもと遊ぶ、利用者の方とかかわり合うというような実際の動きを伴うものばかりではありません。実習の１日分は、朝から夕方まで約８時間取り組む具体的な現場での実習と、終わってからの実習記録への記入、それを通して行われる省察(せいさつ)までが含まれます。

実習記録は黒のペンで手書きし、可能なかぎり訂正などはしないで書き上げなければなりませんし、実習担当の先生や園長先生等に読んでもらうのですから、わかりやすく、ていねいに書く必要があります。

つまり、実習記録を書くには時間もかかれば、能力も必要になるということです。では、なぜこのような大変なものを実習生は書かなければならないのでしょうか。その意味を下記にあげてみます。

大切なことを忘れないために

人間は、見たこと、感じたこと、考えたことをすべて覚えていられるわけではありません。そこで、書きとめておくことによって、それを読み返すことができ、思い出すことができるのです。実習で学んだ保育者の子どもへの細やかな援助や子どものおもしろい発想、あるいはけんかしたときの子どもの気持ちへの理解など、自分が得たことを記録に残しておくことは、あとから学びのなかで重要な資料になるのです。

日常を整理し、自分の保育を省察するために

今日あった出来事を思い出しながら書くというプロセスを通じて、人は新たな気づきを発見したり、自分が行ってきたことを整理することができます。保育は非常に雑多な日常のなかで展開されています。子どもはそうした日常のなかで生き、成長しているため、保育者はその日常をより豊かなものにしていく必要があります。

そのため、保育者には**日常を整理してとらえる力**と、そのことを通して**自分の保育者としての在り方（援助や環境構成など）を省察していく力**を身につけていかなければなりません。そのためにも書くという行為は、保育者には不可欠なものなのです。

見やすく、わかりやすく書く力を育む

みなさんは、もし自分の子どもの担任の先生から来た連絡帳の文字が汚かったり、誤字や脱字が多かったらどう思いますか？　子どもがもってきた園からのお知らせの内容が、何を言いたいのかわからなかったり、きちんと整理されていなかったりしたら、大事なわが子をその園に安心して預けることができますか？

保育者には、連絡帳、園だより、クラスだより、その他のお知らせ、保育日誌、指導計画、園内研修会の資料など、「書く」という仕事がたくさんあります。それらはどれも保育を行ううえで非常に重要なものばかりです。もちろん、最近はパソコンで作成するものも増えてきましたが、それでも文章そのものやレイアウトを考案し、構成していくのは保育者自身です。

このことをふまえれば、学生のときに実習記録を書いて指導してもらうことは、書く力を高める絶好のチャンスにもなるわけです。ぜひ前向きに取り組み、あなた自身の力を育みましょう。しかし、書くことにとらわれすぎて、実際の子どもへのかかわりが少なくなってしまったり、日誌に時間をかけすぎて体調を崩してしまうのは本末転倒です。そのあたりのバランスもよく考えて取り組みましょう。

2 実習記録の内容

実習記録は一冊全体を大きく分けると、次の４つから構成されているものが多いようです。

1.実習園に関すること
2.実習に関すること
3.毎日の実習記録（日誌）
4.総合考察・まとめ

1.実習園・施設に関すること

実習園・施設に関しては、以下のような内容を記入するようになっています。園のホームページや入園案内を見て記入し、不明な点はオリエンテーションで尋ねて実習開始前に記入しておきましょう。聞きそびれてしまったことなどは実習が始まってから記入してもよいですが、実習中は毎日の実習記録（日誌）にかなり時間がかかりますし、部分実習などの準備や練習のための時間も必要なので、書ける部分だけでも実習開始前に済ませておくようにします。

実習園・施設名、所在地、園長や施設長名、建学や法人設立の精神、沿革、保育目標、園児数や利用者数、クラス、教職員の配置、園務分掌、デイリープログラム、園の環境

2.実習に関すること

実習生の実習の目標や実習計画などを記入します。実習の目標は、この実習を通して**とくに焦点を当てて学びたいことを３つくらい**あげておきます。もちろん、目標は実習先や何度目の実習なのかによっても異なります。初めての実習の場合には、実習生として基本的なこと（態度やマナー、清掃や子どもへのかかわり方等）がきちんと行えるかどうかが焦点となるでしょう。

２回目以降の実習の場合には、部分実習や一日実習、子どもに対する個や集団への理解や自分自身の援助に焦点を当ててみることをすすめます。また、前の実習で達成できなかったことに焦点を当てるの

もよいと思います。

時に「幼稚園と保育所の違いを学ぶ」というような目標を立てる学生がいますが、これは学校の授業で学べることですし、違いを学んで何がしたいのかがわからないので、実習の目標としてはふさわしくないでしょう。実際の保育現場でなければ学べないことを目標にしてみてください。

実習計画は、**自分の配属クラス**や**実習内容、一日実習の予定**などに加え、**園の行事**なども記入しておくとよいでしょう。

3.毎日の実習記録（日誌）

さて、ここからが本題です。みなさんが一番苦労するのが毎日の実習記録です。一日の実習が終わり、精神的にも肉体的にも「疲れたー！」と思って帰宅したところで、もうひとがんばり。提出はほとんどの実習園が翌日の朝になっているため、その日に仕上げなくてはなりません。実習記録には大きく分けて、**時系列に即した記録**（次ページ）と**エピソードを中心とした記録**（43ページ）の２種類があります。

時系列に即した記録……子どもの登園から降園までの「時間」の流れに沿いながら、「環境構成」「子どもの活動」「保育者の援助」「実習生の援助や気づき」等を記入していくものです。

エピソードを中心とした記録……一日の生活の流れなどは簡潔に記入し、その日の実習のなかで「とくに印象に残ったエピソード」を、ていねいに「考察」していくものです。

まずは、その両方に共通する項目である「本日の保育のねらい」と「本日の実習のねらい」、さらに「一日を振り返って（本日の実習についての反省や感想）」について解説します。

【本日の保育のねらい】

みなさんがその日のクラスに配属されたら、どのような「ねらい」のもとで保育が展開されるのかを、保育者の方に尋ねて記入します。できれば前日や子どもたちが登園する前の打ち合わせの時間などに確認しておくとよいでしょう。なぜなら、その日の「保育のねらい」を意識しながら実習することができるからです。

たとえば、その日にクラスで鬼遊びを行うことになっていたとしても、その「ねらい」が何であるかによって、援助や活動の展開は変わってきます。もし「友達とからだを動かして鬼遊びを楽しむ」という「ねらい」であれば、子どもたちが走る・止まる・登るなどの動きを十分に行い、からだを動かすことが楽しいと思える鬼遊びを提案し、それに即した援助をします。

一方、「簡単なルールを理解し、友達と相談したり考えたりして楽しんで遊ぶ」という「ねらい」であれば、子どもたちがルールを理解すること、友達と作戦を立てたり遊び方を工夫できるような鬼遊びを保育者が提案し、援助もその方向で行います。

以上のように、保育者の援助の意図を理解したうえで、あなたが子どもにかかわることができるためにも、「本日の保育のねらい」は事前に尋ねておくことが大切なのです。

【本日の実習のねらい】

その日の実習で、あなたがどのようなことを学びたいのかを記入します。たとえば、実習開始直後の観察実習では、「一日の園生活の流れを理解する」「保育室の環境構成のあり方を理解する」などのねらいが考えられます。参加実習、部分実習へと進むなかでは「子どもたちとたくさんかかわり、子どもたちの好きな遊びを理解する」「導入の行い方、声の出し方に気をつけて、子どもたちが楽しめる絵本の読み聞かせができるようにする」などのねらいが考えられるのではないでしょうか。

あるいは前日に保育者の方から指導を受けたことを、次の日に「本日の実習のねらい」に取り入れるのもよいと思います。

【一日を振り返って（本日の実習についての反省や感想）】

その日の実習を振り返り、実習生としての自分の動きや子どもへのかかわり方についての振り返り、また、とくに印象に残ったことなどを記入します。その日に立てた「実習のねらい」が達成できたのか、もし達成できなかったのであればどの点が足りなかったのかなどを記入しても、明日につながる実習記録になります。

●時系列に即した記録

実習生の多くがこの方式で記録を書いていますが、記入欄が小さいにもかかわらず、記入することが多いうえ、すべての活動について詳細に覚えていなければならないので、慣れるまではかなり大変です。

しかしその分、あとで読み返しても、どのような流れで一日の保育が展開されたのか、何にどれくらい時間がかかるのか、環境構成はどのようにしておくとよいのか、保育者はどのような言葉をかけているのかなどが手に取るようにわかる記録になります。その反面、やったことだけの羅列では、一日のスケジュールが書いてある、ただの行動記録になるので注意しましょう。

実習生氏名＿＿＿＿＿＿＿＿

月　日	天候（気温）		＿＿＿＿組	＿＿歳児	名	指導者印	

本日の実習のねらい	（その日の実習の目標を書く。より具体的に書くとよい）
本日の保育のねらい	（その日の保育の目標を書く。保育の担当の先生に確認して記入する）

❶時間	❷環境構成	❸子どもの活動	❹保育者の援助	❺実習生の援助・気づき
9：00 9：20	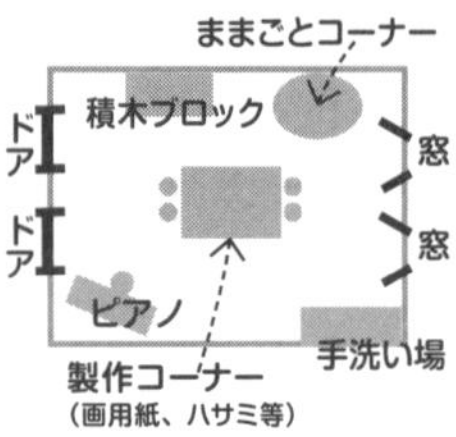 朝のうちに換気をしておく。 昨日の遊びの続きができるように環境を整えておく。	**○登園** ・「おはよう」と元気に挨拶する。実習生に気づき「誰？」と尋ねる子どももいる。 **○所持品始末** ・鞄や帽子、園服を脱ぐ。 **○自由遊び** ままごと・ブロック おみせやさんごっこ・製作	・環境を整え、子どもたちの登園を迎える。 ・一人一人に声をかける。 ・泣いて登園したN子にはていねいにかかわり、保護者から事情を聞き、お気に入りの洋服が乾いておらず着てこられなかったことを確認する。 ・N子と手をつなぎ、N子が折り紙で遊びはじめるまでていねいに見守る。	・保育者の横に立ち、子どもたちを迎える。「誰？」と聞いてくる子どもには自己紹介をする。 ・保育者は子ども一人一人の様子をしっかり受けとめ、援助が必要な子どもにはていねいにかかわっていた。

❶時間　活動の区切りの時間を入れておく。これが理解できると、昼食の準備に子どもたちはどれくらい時間がかかるのかなどがわかり、部分実習や一日実習を行うときの指導計画に役立つ。

❷環境構成　幼児期の教育は「環境を通して行う教育」なので、保育者は子どもの生活や活動にふさわしい環境づくりを心がける。保育室の環境がどのようになっているのか、活動によって環境をどのように変化させたのかなどに視点を向け、図と言葉で記入する。

❸ 子どもの活動	大きな活動ごとに「○」でまとめ、その中の細かい姿を「・」で書くとわかりやすい。全体の動きだけでなく、一人一人に視点を向けてみるとよい。
❹ 保育者の援助	保育者がどのように子どもを援助していたのかを記入する。ここでいう援助は、言葉がけ、一緒に遊ぶ、ピアノを弾く、絵本の読み聞かせを行うなど。「黙って見守る」のも大切な援助。
❺ 実習生の援助・気づき	自分がどのように子どもとかかわったり、援助を行ったのかを記入する。また、気づいたことなども記入するとよい。

●エピソードを中心とした記録

この方式では子どもの詳しい様子を記録し、子どもの思いや保育者、自分自身の思いを考えながら考察することができ、保育者としての子ども理解も育むことができます。時系列記録のあとにエピソード記録を書く場合と、時系列記録を簡単に、時には省略してエピソード記録に重点を置いて書く場合とがあります。

エピソードと考察はまとめて書いてもいいですが、はじめは分けて書いたほうが記入しやすいように思います。

実習生氏名＿＿＿＿＿＿＿＿

月　日	天候（気温）		＿＿＿＿組	＿歳児	名	指導者印	
本日の実習のねらい	（例）気の合う友達と好きな遊びを楽しむ。						
本日の保育のねらい	（例）積極的に子どもとかかわり、一人一人に応じた援助を学ぶ。						

【エピソード①貸して】 ❶

AちゃんとBちゃんがままごとで遊んでいましたが、AちゃんがBちゃんの持っている赤い鍋が借りたくて盛んに「貸して、貸して」と言っていました。しかし、Bちゃんもその鍋が使いたかったらしく、「ダメ」「いや」と言っていました。すると……（後略）

【考察】 ❷

はじめは、このままけんかになってしまうのかと思い、どこで止めに入ろうかと思っていました。しかし、Aちゃんが「じゃあ、終わったら絶対に貸してね」と言うことができ、Bちゃんもそれに納得したので……（後略）

【エピソード②動物園に行ったこと】

給食を食べるときに、Cちゃんが「昨日、パパとママと動物園に行ったの!」と話してくれました。私が「どの動物が一番よかった?」と質問したところ、Cちゃんは「一番うれしかったのは、ライオンバスに乗ったこと!」と言い、ライオンバスのことをとても詳しく話してくれました。（後略）

【考察】

私はCちゃんがライオンバスに乗ったことを本当に詳しく話してくれたので驚きました。細かいところもよく覚えていて、それをていねいに教えてくれたので、昨日のお出かけが本当に楽しかったのだということが感じられました。まだ4歳なのにこのようにしっかりと話すことができるのは、毎日のなかでことばを使った丁寧なやりとりをしているからではないかと思いますし、心に強い感動を起こした出来事は人に伝えたいと思えるのではないかと考えました。（後略）

❶ エピソード	そのとき起こった事実を、その場面を見なかった人にもわかるように記述する。主語などを適宜入れながらまとめるとわかりやすい。はじめに短いタイトルをつけておくと、読み手にどのようなエピソード記録なのかが伝わるので、わかりやすい。
❷ 考察	子どもの内面や保育者の援助に対するあなた自身の気づき、自分の動きや援助に対する振り返りなどを記述する。感想だけにならないようにし、なぜそう思ったのか、このような思いがあるからではないかなど、自分の考えを入れながらていねいに記録する。

記入の際には、主語を入れること、「です・ます調」か「である調」に統一し、文体もそろえて書きましょう。自分が体験したことをエピソードとしてまとめるのは意外と難しいものです。また、考察も自分の考えをきちんと論じられるように組み立てるのに苦戦する学生が多いです。しかし、保育者として育つためには、日々の保育のある場面をエピソードとしてまとめ、そのことをきちんと深められる洞察力が求められますので、ぜひ挑戦してほしいと思います。

4.総合考察・まとめ

実習がすべて終了したら、総合考察・まとめを記入します。記入の仕方は学校で項目が定められている場合と、とくに指定がない場合とがあります。

項目が決められている場合、たとえば「保育所の社会的な役割について」「保育士の業務について」「保育環境のあり方について」「施設と地域との連携について」「指導計画と保育技術について」などというようなものがあげられています。そのため、個々の項目に即しながら実習のなかで学んだこと、気づいたこと、理解したこと、あるいは学べなかったことなどを具体的に記入していきます。

とくに指定がない場合には、実習全体についての振り返りを記入してもよいですが、それだけだとダラダラとした長文になってしまう場合もあります。そのため、自分が立てた個々の実習課題について、それらが達成できたのかどうか、達成できなかった場合にはどのような原因があったのか、次にはどのような課題を立てればよいのかなどを整理して書いていくのもよいでしょう。

最後には指導してくださった園・施設や保育者の方への感謝の気持ちを記しておくことも大切です。

では具体例を参考にしながら、さっそく練習してみましょう。映像を見たり、ボランティアに行った園のことを思い出して、時系列記録とエピソード記録を書いてみてください。

実習記録（日々の記録）例①

ワークシート p.9

保育者の援助の欄に環境構成も記入したもの

実習生氏名　太田恵美

6月28日	天候（気温）	晴れ（26℃）	ゆり１ 組	5 歳児	24（男児11、女児13）名	指導者印	久田
本日の実習のねらい	・子どもたちへ積極的に声をかけ、理解を深める。プールでの安全確認、活動について学ぶ。						
本日の保育のねらい	・友達とかかわりながら水遊び（プール活動）を行う。						

<table>
<tr><th>時間</th><th>子どもたちの動き</th><th>保育者の援助・配慮</th><th>実習生の動き・気づき</th></tr>
<tr><td>8:45</td><td>◎順次、登園する
・挨拶をし、プールバッグを机の上に置く。
・荷物を片づける。
・室内で自由に遊びはじめる。
・ままごと→ピクニックごっこへ発展
・ブロック（昨日の続きでロボット作り）</td><td>・挨拶をし、迎え入れる。
・机を並べておく。
・プールカードを確認する。
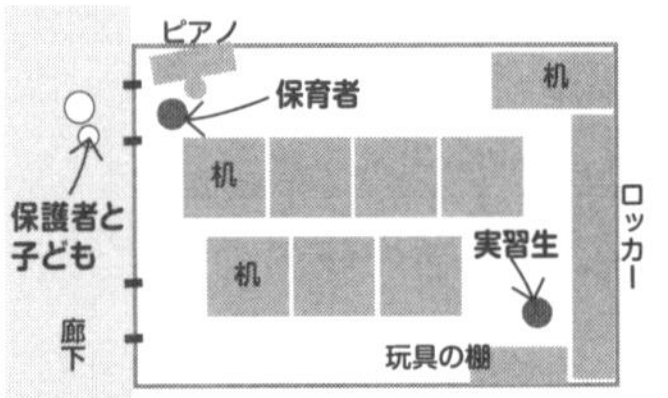
</td><td>・子どもたち一人一人の名前を呼ぶことを意識しながら挨拶をする。
・玩具の棚の前あたりで、ままごとで遊んでいる子どもたちと遊ぶ。
★子どもたちが登園してくる前に机を設置することは、活動をスムーズに行うための環境構成であると思った。</td></tr>
<tr><td>9:20</td><td>◎片づけをする</td><td>・プールのため片づけてくださいということを伝え、時計の針が5（9:25）には着がえるように声をかける。</td><td>★年長ということもあり、時計の針や数字について生活のなかで意識できるよう促していることが感じられた。</td></tr>
</table>

9:25	・トイレへ行く。 ・水着に着がえる。	・歩いてトイレへ行くように促す。 ・プールへ入れない子どもは後ろで粘土をしているよう声をかける。 ・水着の上に洋服を着るよう促す。 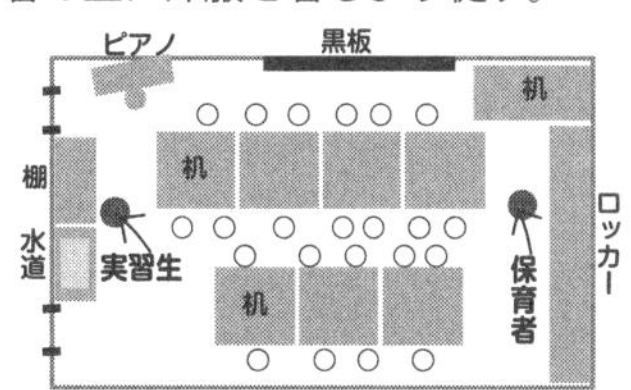 	★廊下を走ることで怪我をしてしまうことを防ぐための安全面を配慮した声かけだと思った。 ・着がえの介助をする。
9:35	◎朝の集まり ・椅子に座り、絵本の読み聞かせを聞く。		・絵本『ぐりとぐらのかいすいよく』の読み聞かせをする。 ★子どもたちに楽しんでもらえるようにテンポよく読み進めることを心がけた。
9:40	・当番の子どもたちは黒板の前に立つ。 ・歌を歌う。 「朝のうた」「なみとかいがら」 ・プールバッグを持ち、ドアの前に一列に並び、プールへ移動する。 ・更衣室で洋服を脱ぎ、荷物を置く。 ・シャワーを浴びてプールサイドに座って待つ。	・子どもたちと一緒に歌いながらピアノを弾く。 ・欠席している子どもたちの確認をする。 ・先頭に立ち、移動する。 ・水着用帽子の中に子どもたちの髪の毛が入りきるように手伝いをする。	・子どもたちの隣に立ち、一緒に歌う。 ・最後尾につき、子どもたちの安全を確認してから移動する。 ・髪の毛を入れるのを手伝う。 ・水着に着がえ、荷物を置く。 ・シャワーを浴びて、子どもたちと一緒に座って待つ。

以下省略

実習記録（日々の記録）例②

実習生の動き、気づきのなかに環境構成を含めたもの

実習生氏名　中川貴央

11月7日	天候（気温）	雨（18℃ 13℃）	はと 組	4 歳児	17 名	指導者印	水木

本日の実習のねらい	・子どもたちの名前を覚え、一人一人の子どもとかかわる
本日の保育のねらい	・自由遊びを楽しむ。　・絵の具の活動を喜んで行う。

時間	子どもたちの動き	保育者の援助・配慮	実習生の動き・気づき
8:40	○順次登園 ・登園してきた子どもから友達に「おはよう」と挨拶したり、保育者や実習生にも挨拶をする。 ・鞄や上着をロッカーに片づけて、おはようブックにシールを貼る。 ・おはようブックのどこにシールを貼るのか、探して自分でわかる子どももいれば、実習生や友達に確認してから貼ったり、保育者と一緒にシールを貼ったりする子どももいる。	・玄関で登園してくる子どもの受け入れを行い、保護者とも挨拶する。 ・おはようブックにシールを貼るように促す。 ・上着を着ている子どもに「お部屋のなかでは脱ごうね」と伝え、ロッカーに片づけるように促す。 ・ごっこ遊びをしやすいように棚などを使ってスペースをつくる。 ・子どもと一緒におはようブックにシールを貼る。 ・登園してきた女児を誘ってごっこ遊びを始める。	・登園してきた子どもに「おはよう」と挨拶をする。 ・おはようブックにシールを貼るところを観察する。 ロッカー　ピアノ　ロッカー　棚　トイレ　ごっこ遊びスペース　棚　ロッカー　机　シール　コーナー　流し　椅子　棚　机 ☆区切られた空間でごっこ遊びを楽しめるようになっていることで、子どもたちも集中して遊べているように感じた。

	・ブロック遊びをしたり、人形を使って遊んだりする。 ・机の上で折り紙をする子どももいる。 ・保育者に頼んで、ごっこ遊び用のうさぎの耳のお面を作る子どももいる。	・ごっこ遊びでうさぎ役をやりたい子どものためにうさぎの耳のついたお面を作る。 ・ごっこ遊びのうさぎ役の子どもたちの声が大きいことを伝える。 ・おもちゃが散らばりすぎているので、一度集める。	・「コンコン、こんにちは。入ってもよいですか？」と聞き、ごっこ遊びの雰囲気を壊さずに遊びに参加する。
10：00	・片づけの時間になったことに気づき、片づけを始める。 ・「新しいおもちゃはこれに入れてね」など、友達に伝えながら協力して片づけを進める。 ・片づけが終わった子どもからコーナーに座る。	・片づけをするように促す。 ・片づけが終わったらトイレに行き、コーナーに座るように促す。	・子どもたちと一緒に片づけをする。 ・子どもたちの様子を見守る。 ・コーナーに座っている子どもたちの後ろに座って待つ。
10：10	○朝の会 ・コーナーに座って保育者の話を聞く。 ・「おはようございます」と挨拶をする。 ・保育者の話を聞く。 ・名前を呼ばれた子どもは返事をする。 ・絵の具の活動の見本を見る。	・挨拶をすることを伝える。 ・「おはようございます」と挨拶をする。 ・「今日は11月7日木曜日です。お休み調べをします」と伝える。 ・子どもたちの名前を呼ぶ（お休み調べ）。 ・絵の具の活動をすることを伝える。 ・活動の見本を見せる。	・保育者の話を聞き、子どもたちの様子を見守る。 ・「おはようございます」と挨拶をする。 ・子どもたちの様子を見守る。 ☆子どもたちのお休み調べを保育者が行い、名前を読んで返事をする表情や様子にも気を配っているように感じた。 ・挨拶をする。 ☆子どもたちに伝わりやすいように、はっきりとした声で話すよう心がけ、ジェスチャーで示し理解しやすいように注意を払った。また、子どもたちがやりたくなるような雰囲気づくりをしていることが感じられた。
10：15	○絵の具 ・呼ばれた子ども以外は、絵の具以外の活動をして待つ（絵本・粘土・お絵かき）。 ・保育者の声かけを聞きながら真剣な眼差しで、緊張した様子で絵の具の活動をする。 ・絵の具が終わった子は、次の子どもと交代する。	・４人ずつ子どもを呼び、それ以外の子どもたちは絵本を見る・粘土・お絵かきのどれかをして待つように伝える。 ・絵の具の活動をする子どもに対して待つ場所や筆を浸す向きについて説明する。 ・「色がきれいだね」「ていねいに塗れているね」など、子ども一人一人の作品を認める。	・子どもたちの様子を見守る。 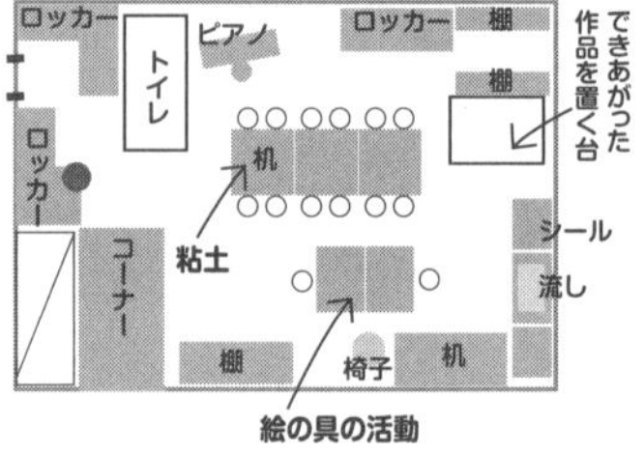
11：00	・片づけを始める。 ○帰りの会 ・片づけが終わった子どもから鞄を持ってコーナーに座って待つ。 ・保育者を見て一緒に手遊びをする。 ・絵本の読み聞かせを聞く。 ・途中で話してしまう子どももいたが、できるだけ聞こうと努力している姿がみられる。	・全員が終わったことを確認し、片づけをするように伝える。 ・トイレに行き、鞄を持ってコーナーに座って待つように促す。 ・子どもたちが全員座れたことを確認して、「大きなくりの木の下で」の手遊びをする。 ・絵本の表紙を見せて『おおかみと７ひきのこやぎ』を読みはじめる。	・子どもたちが片づけ終わったところから机と椅子を片づけていく。 ・子どもたちに座るように促す。 ・子どもたちの後ろに座り、一緒に手遊びをする。 ☆絵本の読み聞かせ中に大きめの声で話してしまう子どもに対して、言葉ではなく視線や表情で伝えることで、絵本を見ている子どもの集中を妨げることがなく、絵本のもつ雰囲気を大切にできているように感じた。

11:15	・「さようなら」の挨拶をする。バスで帰る子どもとお迎えの子ども、預かり保育の子どもに分かれる。 ・預かり保育の子どもはホールで自由遊びをする。 （例）プラレール・折り紙・ぬり絵など	・「さようなら」の挨拶をする。 ・それぞれ帰るコースに分かれるように促す。 ・お迎えの子どもと一緒に隣の部屋に移動する。 ・子どもたちと一緒に遊んだり見守ったりする。 ・保育者間で連絡を取り合って次の活動について確認をする。 ・預かり保育の部屋（にじ組）でのお弁当の準備をする。	・「さようなら」の挨拶をする。 ・子どもたちの様子を見守る。 ＊預かり保育の部屋「にじ組」に移動する。 ・ホールで遊んでいる子どもたちと一緒に遊ぶ。 ・にじ組でのお弁当の準備を手伝う（机・椅子の準備）。 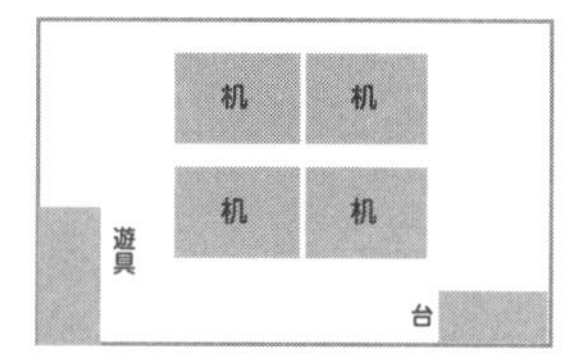
12:00	・使っていたおもちゃを片づける。 ・片づけ終わった子どもから鞄を持ってクラスごとに並ぶ。 ・手洗いとトイレに行く。 ・にじ組で席に座る。	・子どもたちに片づけるように促す。 ・片づけ終わった子どもから、鞄を持って並ぶように促す。 ・クラスごとに場所を指定して手洗いとトイレをするように促す。 ・にじ組の空いている席に座るように促す。 ・準備ができた子どもからお茶をつぐ。	・子どもたちに「片づけよう！」と声をかけながら一緒に片づけをする。 ・３歳児の子どもと一緒に手洗いとトイレに行く。 ・にじ組に行くように促す。
12:35	○お弁当 ・お弁当とコップを出して保育者の話を聞く。 ・「いただきます」の挨拶をする。 ・子ども同士・保育者・実習生と話しながら食べ進める。 ・食べ終わった子どもからホールに移動する。 ・ホールで自由遊びをする。ぬり絵・人形・プラレールなど	・食べ終わったあとの鞄の場所とおなか休めの場所について説明する。 ・「いただきます」の挨拶をする。 ・子どもと同じテーブルでお弁当を食べる。 ・食べ終わった机からふいて片づける。 ・子どもたちと一緒に遊んだり見守ったりする。	・子どもたちの様子を見守る。 ・「いただきます」の挨拶をする。 ・子どもと同じテーブルでお弁当を食べる。 ☆話をしてなかなか食べ進められない子には、具体的に「トマト食べたらお話ししようね」などと、食べ進められるように心がけて声をかけた。 ・椅子を部屋ごとに戻す。 ・人形遊びの子どもたちと一緒に遊ぶ。会話に加わりながら、お話のイメージが広がるように努めた。
13:35	・おもちゃの片づけをする。 ・紙芝居を見る。	・片づけるように促す。 ・紙芝居『三まいのおふだ』を読む。	・子どもたちと一緒に片づける。 ☆片づけが始められず座っている子どもに、「この電車、あのカゴに入れてきてくれる？」と具体的に手伝いをお願いするように心がけた。
14:00	・保護者が迎えに来た子どもから降園する。 ・園庭で遊ぶ。 ・雨のため、片づけをしてホールに移動する。 ・CDに合わせて踊りながらお迎えを待つ。 ・保護者が迎えに来た子どもから降園する。 ・読み聞かせを聞く。	・保護者に受け渡しをする。 ・子どもたちと一緒に遊ぶ。 ・片づけをするように促し、ホールに移動する。 ・ホールでCDを流してダンスをし、お迎えを待つ。 ・保護者に受け渡しをする。 ・紙芝居『くれよんのくろくん』と絵本『まほうのえのぐ』の読み聞かせをする。	・子どもたちの様子を見守る。 ・子どもたちと一緒に園庭で遊ぶ。 ・一緒に片づけをしてホールに移動する。 ・一緒に踊る。 ・子どもたちの様子を見守る。 ☆お迎えが遅い子どもに対して「お迎えは絶対来るから大丈夫だよ。待っていようね」と声かけをすることで、不安を和らげる援助を保育者がしているのだと感じた。 ・作業の手伝いをする。
16:40			・挨拶をして実習終了。

実習記録（日々の記録）例③

一日の振り返り、エピソード

一日を振り返って

今日も一日実習をさせていただき、ありがとうございました。５日目ということで、だんだんと子どもたちのクラス内での友達関係や得意なもの、好きなことといった個性が少しずつ見えてくるようになりました。自由遊びや生活のさまざまな場面で子どもたちと多くかかわり合いながら一緒に過ごすことで、さらに一人一人への理解が深まっていくと思うので、今後も積極的に声をかけていこうと思っています。

子どもとのかかわりで１つ、エピソード記録としてあげたいと思います。

★砂場での自由遊び中のAちゃんとのかかわりから★

昼食前の外での自由遊びのとき、Aちゃんに誘われて砂場へ行った。Aちゃんはカゴからシャベルと模様の入っているカップを取り、私の手に押しつける。そして私の腕を引っ張って座るよう促し、「これ、これ」とカップに砂を入れるしぐさをする。「Aちゃん、やってごらん」と渡そうとすると「違う」というように首を振り声を出す。

私がシャベルで砂を入れると、Aちゃんは片方の手のひらを差し出し、もう片方の手で手のひらを指さす。Aちゃんの手のひらにカップをひっくり返して置き、カップをそっと持ち上げると、模様のついた砂のケーキができ上がった。Aちゃんはうれしそうに笑い、そのケーキを私の手のひらに落とし、また同じように作ってと訴える。それを何度も繰り返す。

私がシャベルで砂を入れるとき、何度か「やってごらん」とAちゃんにシャベルを渡しても即座に拒否していたが、突然、砂の入ったカップを地面や遊具の上で自分でひっくり返してケーキを作るようになった。そして、うれしそうにこちらを見て笑う。

→考察

今日の目標は子どもへの理解を深めることだったので、私はAちゃんへの理解を深めようという気持ちで接していました。

一見単なる同じ動作の繰り返しのようですが、Aちゃんにとっては「自分でやってみよう」と思えるまでの大事なプロセスだったのではないかと思いました。同じ動作を繰り返すことで次のステップへと進むことができ、「次はこうしてみよう」「ああしてみよう」と思っているのではないかと思います。何でも大人が先回りしてしまうのではなく、一人一人の子どものやりたいことを待ちながらかかわることの大切さを実感しました。

指導計画（指導案）

指導計画の作成

保育所、幼稚園、認定こども園では、子どもの発達をふまえ、「保育所保育指針」「幼稚園教育要領」「幼保連携型認定こども園教育・保育要領」に示されたねらい及び内容が総合的に展開されるように、各園の保育方針や目標を立てます。入園から卒園までを見通した計画を「全体的な計画」といいます。

そして、それをもとに**年間指導計画・期間指導計画・月間指導計画（月案）**と、短期の指導計画である**週間指導計画（週案）・一日の指導計画（日案）**を立てて保育を行っています。

実習生が保育を担当するときも子どもの発達や興味・関心の方向性をとらえて、ねらいや活動の内容、環境構成や援助について計画を立てて行うことが求められます。短時間の保育を担当する際は**部分実習の指導計画（指導案）**、一日担当する際には**一日**（全日）**実習の指導計画（指導案）**を立てます。

2 指導計画作成の前に

実習園の方針・保育の流れを理解する

部分実習・一日実習を行う際には、実習園の日ごろの保育に沿った計画を立てます。デイリープログラムや観察・参加実習の記録（実習日誌）を参考にしましょう。実習園の教育方針または保育方針、保育方法などもかならず確認しておきましょう。

子どもの姿をとらえる

乳幼児にふさわしい活動を展開するには、まず目の前にいる子どもをよく観察し、興味や関心、発達の姿（できること、難しいことなど）、生活や遊びの様子、人とのかかわりなどについて把握しましょう。

保育の流れ・保育者の援助・環境構成を把握する

登園から降園までの時間や活動の流れを把握し、保育者の子どもへの配慮や援助を学びましょう。さらに、それぞれの場面における環境の構成や準備、安全への配慮についても把握しておきます。

ねらい・活動の内容を考える

「子どもの姿」をもとに、子どもにどのような経験をしてほしいのか、どのような発達を望むのかを明らかにし、その実現のためにどのような活動を行えばよいかを考えます。

保育者が立てた月案や週案などを参考にしたり、季節や行事などを考慮した活動内容を取り入れるとよいでしょう。本来は月案や週案に沿ったねらいや内容を考えられるとよいのですが、実習生が子どもと取り組みたい内容（得意な活動）を取り上げてもよいでしょう。ただし、実習生主導ではなく、子どもが興味や関心をもって主体的に取り組める活動であることが重要です。

また、ねらいや内容を決定するときには、かならず事前に実習担当保育者に相談しましょう。

具体的な保育の方法について考える

活動の時間、必要なものや道具、環境の設定、援助の仕方などについて具体的に考えます。

3 指導計画作成の手順・考え方・書き方

指導計画の書き方や考え方について解説します。学校や実習園の書式によって項目名が異なります。該当する項目がない場合には、類似する項目の解説を参考にしてください。

実習生氏名：＿＿＿＿＿＿ 印

年　月　日（　曜日）←!算用数字、曜日は漢字で書く。　担任氏名：＿＿＿＿＿＿先生	
＿＿＿＿歳児　＿＿＿＿組　在籍人数：男児＿＿＿名・女児＿＿＿名	
子どもの姿： a **!観察した子どもの遊びや生活の様子、発達や興味・関心、人とのかかわりなどを書く。** **!「内容」（取り上げる活動）に関することを書く。** （例）・仲のよい友達と２～３人で遊ぶ姿が見られるが、いろいろな友達とかかわることが少ないようである。 ・鬼ごっこなどの簡単なルールを理解し、守ろうとする姿が見られる。	**ねらい：!「子どもの姿」をふまえて、子どもに経験してほしいこと、感じてほしいこと、身につけてほしいことなどを、「子ども」が主語になるように書く。** b （例）・クラス全員で遊ぶ楽しさを味わう。 ・友達と一緒に簡単なルールを守ってゲーム遊びを楽しむ。 ・手遊びやパネルシアターを楽しみながら、お弁当に興味をもつ。 **内容：!「子どもの姿」「ねらい」に沿って、子どもの発達や興味・関心の方向性、時期（季節・行事）、時間（時間帯）、それまでの経験などを考慮して活動を決める。** c **!子どもが行う活動を具体的に書く。** （例）・猫とねずみのお面を作り、「しっぽ取りゲーム」をする。 ・ペープサート「にんじんさんがあかいわけ」を見る。 ・友達と一緒に歌を歌いながら、リズム遊び「ジャンケン列車」をする。 ・牛乳パックを使って「空飛ぶ円盤」を作り、友達と一緒に遊ぶ。

時間	環境構成	予想される子どもの活動	実習生の援助と留意点
d **!** **時間を予想して具体的に書く。** （例） **10：20**	**注意：図や文章で示す** e **!保育室・園庭などの環境構成や準備物を図と文章で示す。** 椅子や机の配置／園庭の状況／遊具やライン／実習生の立ち位置／子どもの位置などを図に描く 〈保育室〉 ・グループごとに座る ピアノ　材料　道具　実習生　机　机　机　机　机　棚　ロッカー ○…子ども　出入口	**注意：「子ども」が主語になるように書く** f **!何をするのか具体的に順を追って書く。** **!子どもの様子・反応などを予想して書く。** （例）○順次登園 ・連絡帳を出し、出席ノートにシールを貼る。 ・持ち物を片づけ、スモックに着がえる。 ・泣きながら登園する子どもがいる。	**注意：「実習生」が主語になるように書く** g **!実習生はどのようなことに配慮して子どもに援助するのかを書く。** ・一人一人に笑顔で挨拶をして、健康観察をする。 ・全体の遊びの様子に気を配りながら、遊びに参加する。 ・泣いている子どもに寄り添い、安心できるように優しく声をかける。
		❶導入ーはじまりー ・始まる前の子どもたちの様子 ・実習生のはたらきかけに対する反応 ・子どもの活動への興味の示し方など	・どんなことに注意して、どのように始めるか ・子どもがどうしたら興味をもてるのか
11：20		**❷展開ー具体的に中心となる活動ー** ・子どもが実際に行う活動の内容と順序などを書く	・どのようなことに注意して進めるのか

	❗実習生が準備するものを箇条書きで書く。 ・数や状態を書いておく (例) 〈準備するもの〉 ・紙芝居『ふるやのもり』 ・新聞紙（一人1/2枚） 1/2枚に切ったもの 30枚（予備を含む）	・活動中の子どもたちの様子 ・実習生のはたらきかけに対する反応など ・子どものつまずきなどを予想して書く **3まとめ―しめくくり―** ・活動後の子どもたちの様子 ・実習生のはたらきかけに対する反応など	・子どもが主体的に興味をもって取り組めるための言葉かけや動きなど ・説明する内容や手順・順番など ❗つまずきに対する対処の仕方を具体的に書く。 ❗早くできてしまったとき、早く終わってしまったときの対応などを書いておく。 ❗子どもが満足感・充実感を味わえるような終わり方の工夫を書く。 ❗活動の振り返りをする、次への期待がもてるようにするなどして終わる。 ❗次の活動につなげるはたらきかけも書けるとよい。
反省と評価 h	❗**実践後にねらい、活動の内容、時間配分、環境構成の仕方、準備、援助の仕方、配慮、子どもの動きの予想などは適切であったか、よかったところ・うまくいかなかったところを振り返り、反省点や次への課題などを具体的に書く。** (例) 子どもたちが楽しく無理なく製作に取り組めたようなので「内容」と「ねらい」の設定はよかったと思います。実際に行ってみると、早くできてしまう子どもや時間がかかる子どもがいて、子どもの活動の予想が十分にできていなかったことに気づきました。理解力や手指の発達などを考え、子どもの様子に合わせた援助の仕方を「実習生の援助と留意点」に書いておかなかったこと、もっと材料を多めに用意して「環境構成」に書いておけばよかったことが反省点と今後の課題です。		

a～hについて、さらに細かく解説します。

a 子どもの姿（「現在の乳幼児の姿」「前日までの子どもの様子」「乳幼児の実態」）

「子どもの姿」は「ねらい」「内容」と関連するように書きます。たとえば、「内容」が運動遊びであれば、子どもたちの日ごろの外遊びの様子やからだを使った遊びの様子について書きましょう。

(例)・寒さに負けず外で思い切り走ったり、鬼ごっこやサッカーをしている子どもが多い。
・ボールを投げたり追いかけたりすることはできるが、投げ合いで受け取ることは難しい。
・自分で目標を決めて、鉄棒や縄跳びに取り組んでいる子どもの姿が見られる。

子どもの姿を観察する前に指導計画を書く場合には、その時期（季節）に行われる保育活動を調べ、乳幼児の発達の目安などを参考にして書きましょう。

b ねらい

「ねらい」は子どもが経験する「内容」と一致していることが重要です。短時間（一日）で達成できないような過大な「ねらい」を立てないように気をつけましょう。

(よくない例) ×　～することにより手先が器用になる。　×　○○を見て人に優しくすることができる。
×　～を通して瞬発力を身につける。　×　○○の話を聞いて善悪の判断が身につく。

保育所の指導計画に「養護」のねらい（子どもの健康や安全、情緒の安定のために行う保育者（実習生）のはたらきかけ）を書く場合には、実習生が主語になるように現在形で書きます。文章の最後にカッコ書きで（養護）と書き添えるとよいでしょう。

(例)・子どものペースに合わせて排泄や睡眠の援助をし、安全に気持ちよく過ごせるようにする。(養護)
・仲のよい友達や保育者と一緒に、安心して過ごせるようにかかわる。(養護)
・食事や着がえなど自分でできることを見守り、自信をもって生活できるようにする。(養護)

ⓒ 内容

ねらいを達成するための具体的な保育の内容を書きます。「子どもが経験する内容」「乳幼児の活動」という項目名の場合もあります。

ⓓ 時間

「順次登園」から「降園」まで、一日の流れに沿って、各活動の時間配分を考え、始まりの時間（終わりの時間）を予想して書きます。デイリープログラムと実習日誌を参考にしましょう。

ⓔ 環境構成（「環境の構成・準備」）

保育室の環境構成図を描く際には、向きがわかるように出入口や窓、ピアノやロッカーなど動かないものを目安として描き、テーブルや椅子の位置、子どもの位置、実習生の位置などを明記しましょう。

安全への配慮や雰囲気、図に示せない説明などは文章で補足します。環境構成図は場所、椅子やテーブルなどの配置が変わるたびに書きましょう。

〈環境構成図〉

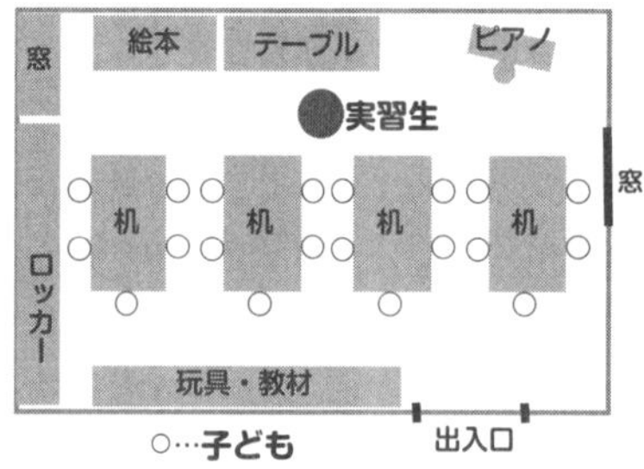

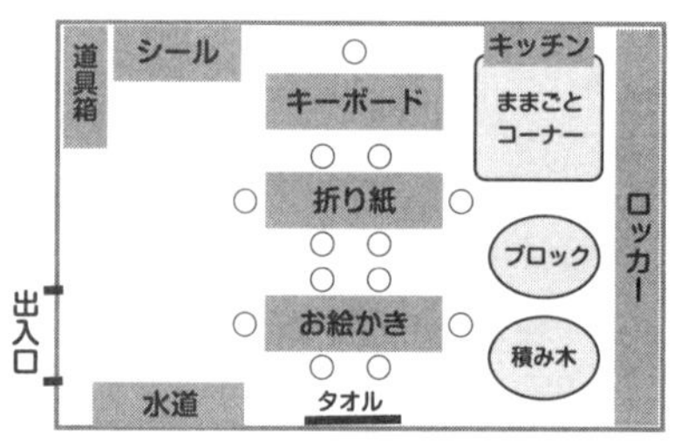

ⓕ 予想される子どもの活動

一日の流れ（デイリープログラム）に沿って、子どもの生活や遊びを項目として書きます。
「時間」「環境構成」「実習生の援助と留意点」と対応するように、横の列をそろえて書きましょう。

ⓖ 実習生の援助と留意点（「実習生の動き」「実習生の援助と配慮事項」）

実習生が子どもにどのように援助をするのか、何に気をつけて、どのようにかかわるのかなど、実習生の言動をなるべく具体的に書きます。ただし、芝居の台本ではないので、具体的な言葉がけが多くなりすぎないように気をつけてください。「予想される子どもの活動」と対応するように、横列をそろえて書きましょう。

実習生が提案する中心となる活動は、〈導入〉〈展開〉〈まとめ〉を意識して書きましょう。

〈導入〉 活動の始まりに行う子どもが興味をもち、やってみたいと思えるようなはたらきかけ。

（例）・おもちゃの「かなづち」を見せ、何に使う道具か知っているか聞き、「かなづち」に興味がもてるようにする。

〈展開〉 活動の具体的な流れ（順番）、わかりやすい説明の仕方、つまずいている子どもへのはたらきかけ、早く終わったとき・予想外に時間がかかったときの対応の仕方など。

（例）・子どもが楽しくできるように、フレーズごとに歌詞を伝え、笑顔で大きな動作で行う。

〈まとめ〉 活動の振り返り、楽しかったこと・うれしかったことの確認、未完成・残念だったことなどは次への期待がもてるようにするなど、しめくくりや次の活動につなげるはたらきかけ。

（例）・初めての手遊びをすぐに覚えて、元気にできてよかったことを伝える。
・帰りの時間にもまた行うことを約束し、手を洗ってお弁当の支度をするように伝える。

●気をつけたい表現・訂正の仕方

×（子どもに）～させる　帰りの支度をさせる。
→○（子どもが自分で）帰りの支度をする（支度ができる）よう励ます。
×（子どもに）～してもらう　静かにしてもらう。→○（子どもが自分から）静かにするよう声をかける。
×（子どもに）～してあげる　シャツの着脱を手伝ってあげる。→○シャツの着脱を手伝う。
×（子どもが）～してくれる　大きな声で返事をしてくれる。→○（子どもが）大きな声で返事をする。

ⓗ 反省と評価（振り返り）

指導計画は保育の実践後に自分の保育を振り返り、反省と評価をして、次の保育に生かせるようにして完成します。実習生も部分実習・一日実習終了後に指導計画についての反省と評価をします。

部分実習の指導計画の例「手遊び・ジャンケン遊び」

ワークシート p.13

実習生氏名：○○○○○ 印

20○○年　6月○日（水曜日）	担任氏名：　林　萌子　先生
5歳児　ききょう組	在籍人数：男児13名・女児13名
子どもの姿： ・ジャンケンの勝ち負けを理解して、何かを決めるときにジャンケンを使っている。 ・仲のよい友達とルールをつくって遊んでいるが、わざとルールを守らない姿も見られる。 ・いつも一緒に遊ぶ友達が決まっていて、仲間に入れないことがある。	**ねらい：** ・グー・チョキ・パーの速い動作や、ジャンケン遊びを楽しむ。 ・友達と一緒に遊ぶことを通して、きまりを守ることの大切さに気づく。 **内容：** ・「グー・チョキ・パー・チョキ」の手遊びをする。 ・クラス全員でジャンケン遊び「貨物列車」を行い、きまりについて考えたり相談したりする。

時間	環境構成	予想される子どもの活動	保育者（実習生）の援助と留意点
10:00	〈保育室〉 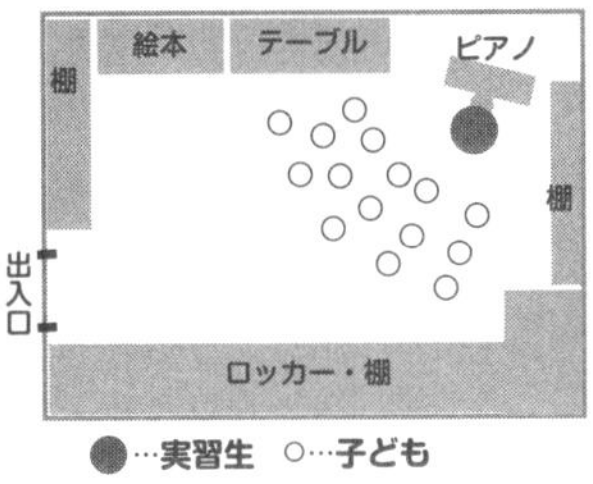 絵本　テーブル　ピアノ　棚　出入口　ロッカー・棚 ●…実習生　○…子ども	・実習生のまわりに集まって座る。 ・何が始まるのか楽しみにしている。 ○手遊び「グー・チョキ・パー・チョキ」 ・実習生の真似をして、間違えないように同じ動作をする。 ・「できた」と言って喜ぶ。	・実習生が見えるかどうか確認する。 ・笑顔でクラスの名前を呼びかける。 ・ジャンケンに興味がもてるように、グー・チョキ・パー・チョキの動作をして、真似をするよう呼びかける。 ・ゆっくり歌いながら、何度か繰り返す。
10:10	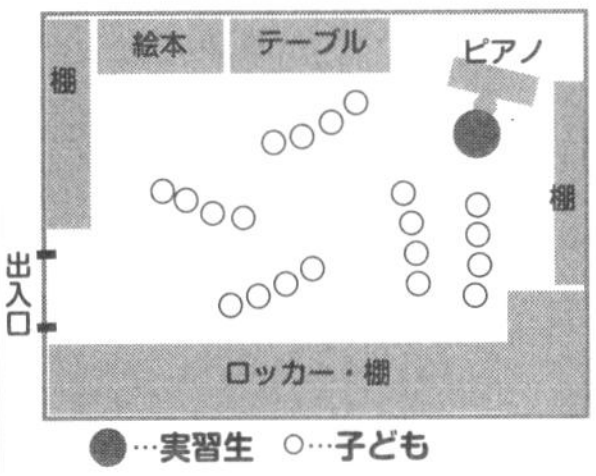 絵本　テーブル　ピアノ　棚　出入口　ロッカー・棚 ●…実習生　○…子ども	○ジャンケン遊び「貨物列車」 ・遊び方の説明を聞く。 ①曲に合わせて両腕を電車のように動かし、貨物列車になって歩く。 ②「ガッシャン」のところで近くの友達と両手を合わせてジャンケンをし、負けたら友達の後ろにつながる。 ③二人組になり、同じことを繰り返す。 ④4人、8人とつながり、最後は1本の貨物列車になって終わる。 ・ジャンケンの勝ち負けや、友達とつながって動くこと楽しんでいる。 ・「後出しをした」と言ってトラブルになる。	・「貨物列車」を知っているかどうか尋ねる。 ・「貨物列車」の話をして、歌を歌いながら、遊び方の説明をする。 ・動作を知らせながら少しずつ歌詞を伝え、歌を覚えられるようにする。 ・一度目は歌を歌いながら見守る。 ・ジャンケンの相手が見つからない子どもがいないか気を配る。 ・２回目以降は歌を歌いながらピアノを弾く。 ・人数が増えたとき速く走ると危ないので、安全に気を配りながら楽しくできるようにする。 ・まわりの子どもにも状況を聞いて、子ども同士で解決できるようにしながら、必要な助言をする。 ・どのように解決したのか、ほかの子どもたちに伝え、みんなできまりについて考える機会をもつ。 ・時間があれば、もう一度初めから行う。
10:25	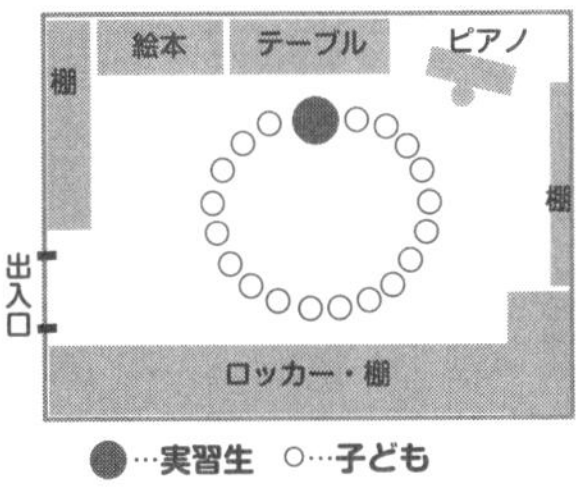 絵本　テーブル　ピアノ　棚　出入口　ロッカー・棚 ●…実習生　○…子ども	・長い列になって動くことを楽しんでいる。 ・列のまま丸くなって座り、実習生の話を聞く。 ・「おもしろかった」「またやりたい」など、さまざまな感想を言う。	・最後にもう一度みんなで動くよう声をかけ、ピアノを弾く。 ・長い貨物列車ができてよかったと伝える。 ・楽しかったことを確認して、担任保育者に引き継ぐ。
反省と評価			

一日実習の指導計画の例

一日実習の指導計画の場合には、「内容」（主な活動）についての「子どもの姿」だけでなく、一日を通しての生活の様子、基本的生活習慣の様子、健康状態、興味や関心などについても書きましょう。

実習生氏名：○○○○○ 印

主となる活動だけでなく、一日を通して共通する「ねらい」や「生活に関するねらい」を設定します。

20○○年　1月○日（木曜日）	担任氏名：　萌文　太郎　先生
3歳児　うさぎ組	在籍人数：男児10名・女児12名
子どもの姿： ・気温の低い日が続き、風邪をひいている子どもが多い。 ・寒さから外での遊びを嫌がったり、すぐに保育室に戻ってしまう子どもがいる。 ・身のまわりのことはほとんどできるが、実習生に「できない、やって」と甘える子どもがいる。 ・気の合った友達と一緒によく遊ぶが、自分の主張が強く、ぶつかり合いになることもある。 ・カルタ、たこ揚げ、コマ回しなど、年長児の遊びに興味をもち、真似をしている姿が見られる。	**ねらい：** ・風邪の予防をし、個々の健康状態に合わせた過ごし方ができるようにする。（養護） ・意欲をもって身支度など自分でしようとする。 ・身近な材料を使って作ることを楽しみ、友達と一緒に遊ぶ楽しさを味わう。 **内容：** ・うがい、手洗い、衣服の調節、休息などに気を配る。（養護） ・食事準備、衣服の着脱、布団敷きなど自分から進んで行う。 ・紙皿でコマを作り、友達と回して遊ぶ。

時間	環境構成	予想される子どもの活動	保育者（実習生）の援助と留意点
8:30	・保育室の換気、日付カード、シールなどの再確認をする。	○順次登園 ・早朝保育の子どもは自分のクラスへ移動。 ・持ち物を片づけ、出席ノートにシールを貼る。	・早朝保育担当者からの連絡事項を確認し、一人一人の子どもと挨拶をして健康観察をする。
	〈保育室〉 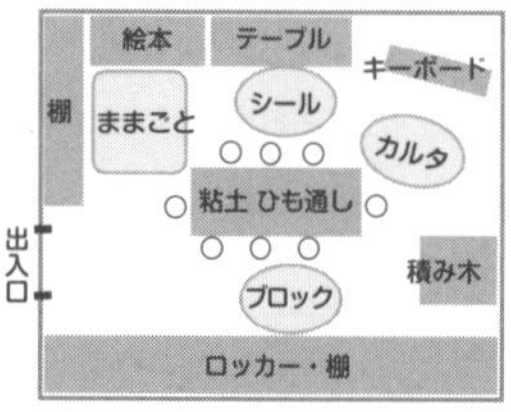 	・泣きながら登園する子どもがいる。	・安心できるように寄り添い、朝の支度を一緒にする。
9:00		○好きな遊び 保育室：積み木・ままごと・ブロック・粘土・ひも通し・カルタなど 園庭：追いかけっこ・かけっこ・たこ揚げ・コマ回し・「だるまさんがころんだ」	・子どもと一緒に遊びながら、危険のないように全体に気を配る。
9:50	・テーブルと椅子を並べる。 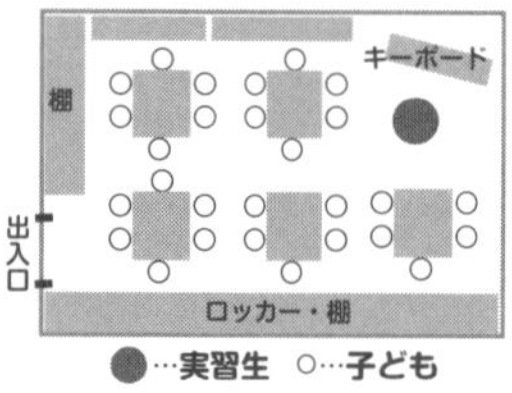 	○片づけ・手洗い・うがい・入室・排泄	・楽しく片づけができるような声をかけ、一緒に片づけを行う。
10:10		○手遊び「かなづちとんとん」 ・実習生の真似をして、数が増えていくと大はしゃぎする。 ・最後は静かになって実習生の話を聞く。	・大きな動作でゆっくり楽しそうに行う。 ・歌詞を前もって伝える。 ・危険のないよう見守りながら手遊びを進め、だんだん落ち着けるようにする。
10:15	〈準備する物〉 ・紙皿コマ5～6個	○朝の集まり ・歌「おはようのうた」と朝の挨拶 ・今日の日付とお天気、欠席者を確認する。	・ピアノを弾きながら楽しそうに歌い、気持ちよく朝の挨拶をする。 ・欠席の友達を思えるようにする。
10:20	・紙皿（小）（表裏の中心に印をつけておく）30枚 ・ストロー（太）（1.5cmに切ったもの）30個 ・ペットボトルのふた（両面テープを貼ったもの）30個 ・カットしたセロテープ	○製作「紙皿コマ」 ・見本のコマを見て「やりたい」「作る」と言う。 〈作り方〉 ①紙皿に好きなようにマーカーで描く。 ②紙皿の裏中央にストローを固定する。 ③ペットボトルのふたの両面テープをはがして紙皿の表中央に貼る。（完成） ・貼る位置がわからない子どもがいる。 ・完成した子どもからマーカーを片づけ、ゴミを捨てる。 ○紙皿コマを回して遊ぶ ・テーブルの上、床の上、玩具箱の上など思い思いの場所で回す。	・袋の中から紙皿コマを取り出し、回して見せる。 ・人数分の紙皿があることを伝え、作りたい気持ちになるように話す。 ・紙皿とマーカーを配り、好きなように描くよう声をかける。 ・各テーブルに見本を置き、作り方の手順を1つずつわかりやすく説明する。 ・とまどっている子どもには個別に説明したり、手を添えて一緒に作る。 ・よく回ることを一緒に喜んだり、長く回せるように励ましたりする。

		・うまく回せない子どもがいる。 ・コマはロッカーの上に置く。	・回して見せたり、手を添えて一緒に回し、コツをつかめるようにする。 ・いろいろなコマができたことを認める。 ・またあとで遊べることを伝え、コマを片づけて昼食の準備をするよう声をかける。
11：05	・食事の準備をする 〈準備する物〉	○**排泄・手洗い・昼食準備** ○**食事**	・きちんと手が洗えているか見守る。 ・昼食準備を自分でするよう励ます。
11：30	・お茶　・給食 ・台ふき	・準備ができたテーブルから「いただきます」の挨拶をして、食べはじめる。 ・友達や保育者、実習生と会話をしながら楽しく食べる。	・アレルギー用の除去食を確認する。 ・給食の配膳をしながら、テーブルごとに食前の挨拶をする。 ・楽しく食べられるよう声をかける。
12：00	・食事の片づけをする ・テーブルと椅子を片づけ、床をふく。	・食べ終えた子どもから、「ごちそうさま」をして、歯みがきをする。 ○**休息** ・静かな遊びや絵本を見る。	・個々の食事や歯みがきの様子を見守る。 ・食後は静かな遊びをするように伝える。
12：10	・午睡の準備をする。 〈準備する物〉 ・心が落ち着く絵本１～２冊 〈保育室〉 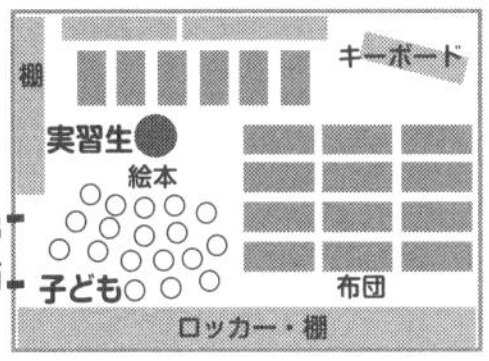 棚　キーボード　実習生　絵本　出入口　子ども　布団　ロッカー・棚	・片づけ・排泄・手洗い・睡眠準備 ○**絵本『おやすみなさいこっこさん』を見る** ○**昼寝** ・すぐに眠る子ども、なかなか寝つけない子どもがいる。	・排泄・手洗いの様子を見守る。 ・静かな雰囲気でゆっくり絵本を読む。 ・一人一人の様子を見ながら優しく寝つけるようにする。 ・眠れない子どもには、優しく言葉をかけて見守りながら、体を休められるようにする。
14：30	・おやつの準備をする 〈準備する物〉 ・お茶　・おやつ　・台ふき	○**目覚め** ・排泄・手洗い・布団の片づけ ・おやつ準備 ○**おやつ**	・気持ちよく目覚められるようにする。 ・布団の片づけなど、自分でできるように励ましたりほめたりする。
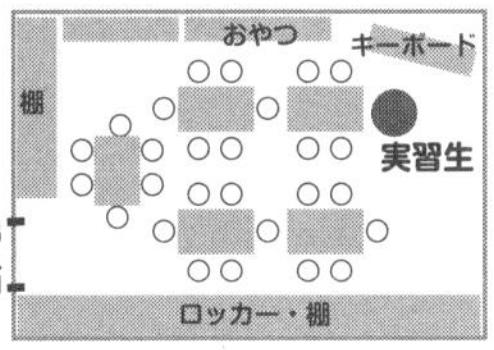 **15：00**	〈保育室〉 おやつ　キーボード　棚　実習生　出入口　ロッカー・棚	・友達や保育者と話しながら楽しくおやつを食べる。 ・食べ終えたら、ぶくぶくうがいをする。	・楽しい雰囲気のなかで食べられるようにする。
15：40	・テーブルと椅子を片づける 〈保育室〉 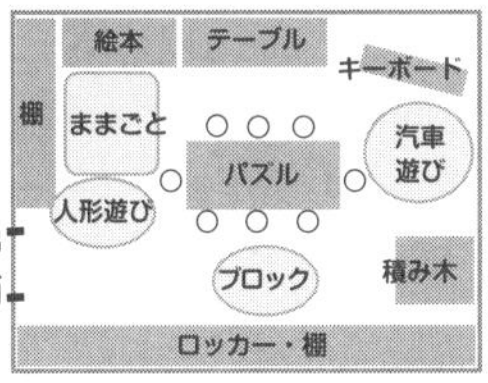 絵本　テーブル　キーボード　棚　ままごと　パズル　汽車遊び　人形遊び　出入口　ブロック　積み木　ロッカー・棚	○**好きな遊び** 保育室：積み木、ブロック、汽車遊び、ままごと、人形遊び、パズルなど	・一人一人の健康観察をしながら、子どもの遊びに参加する。 ・玩具の散らばりを直したり、それぞれの遊びの場を確保して、楽しく遊べるようにする。
17：30		○**順次降園** ・迎えが来た子どもから片づけ・帰りの支度をして、保育者と挨拶をして降園する。 ・寂しくなって甘えてくる子どもがいる。 ○**延長保育** ・名前を呼ばれたら返事をする。 ・遊びながら保護者の迎えを待つ。	・忘れ物がないかどうか確認し、子どもに明日も待っていることを伝え、保護者に挨拶をして見送る。 ・子どもの気持ちを受け止める。 ・延長保育の子どもに集まるように声をかけ、名前を呼んで確認する。 ・延長保育の担当者に引き継ぐ。
反省と評価			

実習中に困った！

実習中に困ったことが起きたとき、どうしたらよいか考えておきましょう。

遅刻しそう

アドバイス

原則として遅刻は厳禁ですが、交通機関のトラブル、忘れ物、寝坊、体調不良、通院など、やむを得ず遅刻するときには、かならず実習開始時間の前に実習園に電話をかけましょう。その際には遅れることについて謝罪し、遅れる理由とおよその到着時間などを簡潔に伝えます。電車やバスの中などで電話ができない場合は、下車してすぐに連絡します。学校への連絡も忘れないようにしましょう。実習時間が不足しないかどうかも確認します。

【実習園・施設への電話連絡のポイント】

①養成校名　②実習生であること　③氏名　④当日の配属クラス　⑤遅れること・おわび　⑥遅れる理由・現在の状況説明　⑦到着できる時間の見通し など

体調がよくない

アドバイス

慣れない環境の下での実習では、寝不足や緊張、疲労などから体調を崩すことがあります。発熱、咳、腹痛・下痢、頭痛、関節痛、目の充血、発疹などの症状があったり、感染症が疑われる場合には実習を欠席し、医師の診察を受けましょう。

その場合、実習開始時間の前に実習園・施設に電話で連絡します。診察終了後にも、遅れて実習をするのか欠席するのかなど、診断結果と今後の見通しについて報告します。欠席した場合、補充実習を園・施設にお願いします。学校への連絡もかならず行い、学校からも補充実習を正式に依頼してもらいます。

物を壊した・なくした

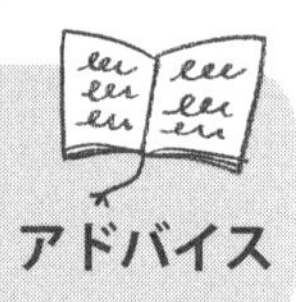
アドバイス

どんなに小さな物でもまずおわびをし、破損や紛失の状況を具体的にわかりやすく報告し、実習担当保育者の指示に従いましょう。学校への連絡もかならずします。実習にかかわる保険が適応される場合があります。

【報告のポイント】

①おわび　②なにを　③いつ　④どのような状況で　⑤どうなったのか（結果）

ほかの実習生がいます。実習時間中に話しかけられて困ります。比べられることも気になります。

相手が不快にならないように「今は実習中なのであとで話しましょう」と伝えましょう。また、休憩時間でも実習前や終了後であっても、実習生であることを自覚して、リラックスしたラフな話し方ではなく、ていねいな言葉づかいで話すようにします。実習生同士が比べられることもあるかもしれませんが、あまり気にせずに自分のすべきことをきちんとして、明るく誠実な態度で実習に取り組むことが大切です。

子どもがけがをした

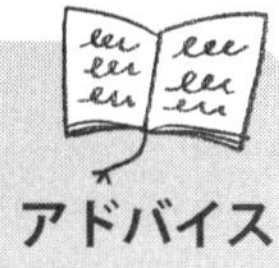

まず落ち着いてどのような状態か確認します。子どもの安全を確保し、その場を離れずすぐに近くにいる保育者を呼び、指示を受けます。実習生は保育者にけがの状態や状況を正確に伝えましょう。軽いけがであったり大丈夫だと思っても、実習生の自己判断は禁物です。また、保護者への報告は実習生がするのではなく保育者がします。学校にもかならず報告し、適切な対応をとってもらうようにしましょう。

子どもとのかかわり方が難しい

実習生をぶったり蹴ったりする子ども、実習生のそばから離れない子ども、実習生を独り占めしたがる子どもがいて困った場合、子どもはなぜそのような行動をとるのか考えてみましょう。実習生に関心を示している、実習生に甘えたい、かまってほしいという気持ちの表れかもしれません。

実習生に乱暴な行動をとる子どもには、怒るのではなく真剣な表情で、痛いからやめてほしいことを伝えて「一緒に遊ぼう」と声をかけます。そして、鬼ごっこやボール遊びなどからだを動かす遊びを提案してみましょう。

また、実習生から離れない、独占したがる子どもの甘えたい気持ちを理解し、そっけなくしたり遠ざけたりするのではなく、目を見て、ほかの子どもとも一緒に遊びたいことを伝え、複数の子どもと遊べる遊びを提案してみましょう。個々の子どもの発達や個性によってうまくいかないこともありますので、保育者に相談してみるとよいでしょう。

実習担当の保育者がそっけない

「挨拶をしても返事をしていただけず、質問にもそっけない対応で、保育中にも何をすればよいのか指示をいただけません。苦手・怖いと思ってしまいます」と訴える実習生がいます。しかし、保育中は多くの子どもの声が響き、保育者に声が届いていないことがよくあるのです。挨拶や質問は相手に聞こえる大きさの声で、相手の目を見てしましょう。

また、保育者の仕事は保育をすることです。もちろん先輩保育者として実習生の指導をすることも大切な任務ですが、保育・子どもが中心であることを覚えておきましょう。時として指示がもらえなかったり、応答の仕方をそっけなく感じることもあるかもしれません。できるだけ担当保育者に苦手意識をもたず、感謝の気持ちと「学ばせていただく」という謙虚な気持ちを忘れずに、めげずに挨拶や手伝いなどを続けましょう。実習生の誠実な態度はかならず伝わります。

実習生が気をつけること

守秘義務・個人情報の保護

実習園・施設等では子どもや利用者の氏名、生年月日、自宅の住所・電話番号、成育歴、成長・発達の記録、障がいや病名、家庭の状況、保護者の勤務先など、多くの個人情報が管理されています。日本では2005年に個人情報保護法（個人情報の保護に関する法律）が施行され、個人情報を扱う事業者はすべて、その情報を外部に漏洩してはならないと決められました。実習生であっても、子どもや利用者の個人情報を守らなければならない「守秘義務」があります。

ここでは、実習生がくれぐれも気をつけなければならないことを確認しておきましょう。

会話・電子媒体・名簿等

＊実習園・施設への行き帰りの道、電車やバスなどの公共交通機関の中などで、子どもや利用者、その家族についての話をしない。

＊自宅で自分の家族にも、子どもや利用者、その家族についての話をしない。

＊子どもや利用者・保護者の個人情報をメール・ホームページ・ブログ・SNS・持ち運び可能な媒体（USBメモリなど）などに流さない・書き込まない・保存しない。

＊クラス名簿、個人記録などは実習園・施設の外には持ち出さない。渡された場合には厳重に管理する。

実習生の個人情報

＊子どもや利用者・保護者・職員から連絡先（住所・電話番号・メールアドレスなど）を聞かれても、実習生個人の連絡先は教えない。

＊どうしても教えてほしいと言われたときには、①実習園・施設の担当職員に相談する、②学校の実習担当者に相談する、③学校の住所等を知らせる、などの対応をする。

写真撮影

＊子どもや利用者・保護者の様子や顔などの撮影はしない。

＊子どもや利用者・保護者から実習生の写真を撮りたい、一緒に写真を撮ってほしいと望まれても断る。

＊実習園・施設の環境や設備などの写真を記録として撮影したいときには、かならず事前に園長・施設長に目的を伝えて許可を得る。そのうえで撮影した写真を見せて確認してもらう。

実習記録（日誌）の管理

＊原則として実習園・施設の教職員、学校の教員以外には見せない。

＊実習園・施設または自宅、学校以外で実習記録（日誌）を書かない。

＊学校から返却されたあとの保管にも、細心の注意を払う。

＊就職などのときに持参するような指示された場合は、かならず学校の実習担当教員に相談する。

＊不要になったときには、シュレッダー処理または焼却するなどして廃棄する。

3 実習後に

実習期間が終わりました。長く感じた人、あっという間だと感じた人、それぞれの経験に応じて思いを巡らせていることと思います。しかし、現場での実習期間だけが実習ではありません。その後に実習経験を振り返り、次へつなげることが大切です。

学校の授業で実習前の「事前指導」だけでなく、実習後に行われる「事後指導」が設定されている理由はここにあります。この実習後まで含めて実習なのです。

振り返り

実習後の振り返りはとても大切です。いかに振り返ることができるかが、みなさんの保育者としての成長につながっていきます。

1 一人で振り返る

実習中のさまざまな思い

実習中は、初めての体験や慣れない場所での経験に、いろいろな思いを抱えていたことでしょう。なかには思い出したくないこと、 失敗をして先生に指導されてしまったことなどもあるかもしれません。しかし、こうした思いのもととなった出来事は、すべて「保育の現場」で起こったことであるという視点で、あらためてとらえ直してみてください。

これらは保育者としての学びにつながっています。たとえば、子どもたちと積極的に遊べず自信をなくした場合、そのときの自分の姿を思い浮かべてみてください。緊張で顔がこわばってはいませんでしたか？　子どもは、ほがらかな笑顔の遊んでくれる大人が大好きです。もしかしたら「遊んでくれなそうだな、ちょっと怖いな」という印象を与えていたかもしれません。

あるいは、子どもから「大好き」と言われてうれしかったということであっても、あなたのどのような言葉や振る舞いが、その子にそうした思いを生じさせたのか考えてみましょう。これらを確認することが、保育者として必要な要素をあなたのなかで確実なものにします。

このように、まずは実習中の思いを振り返ることにより、そのもととなった背景が浮かびあがってきます。浮かびあがってきた背景を意味あることとして一つ一つ受け止めていきましょう。

エピソードで振り返る

実習中のエピソードを具体的に思い浮かべてみましょう。箇条書きにして、書き出してもよいでしょう。できるだけ具体的にていねいに思い浮かべることが大切です。

〈例 A〉
子どもたちがプラレールで遊んでいたところいざこざが起こり、先生が仲介した。

〈例 B〉
プラレールの線路で２歳のショウ君が遊んでいたところ、あとからユイ君が来た。ショウ君は新幹線、ユイ君は貨物列車を使っていたけれど、ショウ君が目を離した隙に、ユイ君が新幹線で遊びはじめてしまった。それを見たショウ君は「ショウの！」と泣き出したが、ユイ君は譲らなかった。先生が二人の話をそれぞれに聴き、二人の気持ちを代弁していた。

２つの例を比べてみると、どうでしょう。例Aの文章から得られることは、子どもにいざこざがあり、先生が仲介していたということだけです。このような一文で表しても状況は見えてきません。一方、例Bのほうは単なるいざこざとしての出来事だけでなく、どちらも新幹線で遊びたかった子どもたちの思いまで読み取ることができます。

こうしたエピソードの一つ一つは、保育のほんの一コマです。でも、そのなかに子どもの育ちの姿や保育の工夫、そして保育者の言葉かけの重要性などの学びがあるのです。みなさんは実習中、このようなたくさんのエピソードに囲まれて過ごしていたと思います。これらをていねいに振り返ることにより、多くの学びがあったことに気がつくでしょう。

詳細なエピソードを思い浮かべることは、実践力をつけるトレーニングになります。実習記録で毎日、その日の出来事を記したのもトレーニングの一つです。保育を学びはじめたばかりの学生は、出来事を短い言葉でまとめようとしがちですが、それではせっかくの機会に経験できた出来事や保育のヒントがこぼれ落ちてしまいます。そこで、貴重な経験を記したエピソード集などを作ってみるのもいいでしょう。

実習の目標を振り返る

実習前に立てた目標は達成できたでしょうか。あるいは克服したいと思っていた課題についてはどうでしたか。実習前に立てた目標を今一度振り返ってみましょう。

ここで重要なのは、できたか・できなかったかということではなく、それを次にどのようにつなげるか、改善できるのかを考えることです。実習は、みなさんがプロの保育者になる練習をするために与えてもらった場です。ですから、今回得られた反省点は次の実習や実践の場で磨きをかけるため、また課題を見つけるためのプロセスであるというように、前向きにとらえるようにしましょう。

自分を評価してみる

さらに、今度は実習担当教員の立場に立って自分の実習を評価してみましょう。

学校によっては自己評価票があり、項目ごとにチェックできるような構成のものもあります。これまで、実習を自分のストーリーとして振り返ることができました。今度はこのストーリーに自分の視点だけでなく、他者の視点を入れていきます。他者の視点とは、実習の目的が達成できたかという専門的な視点です。こうした営みを「自己評価」といいます。

自己評価についてはp.38で述べていますので、実習が終わった今、もう一度確認してみましょう。自己評価基準のワークシートなどに自分で評価を書き入れてみてもよいでしょう。

2 学生同士で振り返る「実習反省会」

学校によっては、実習反省会という形で行われることが多いと思います。実習に出かけた学生同士で実習の報告や意見を交換することで、ほかの実習の状況を知ることができるだけでなく、違う視点から自分の考えや経験をとらえ直すことができます。また、自分の経験を人に話すことで、よりわかりやすく相手に伝えようと心がけることになります。その結果、実習経験の一つ一つが自分のなかでも意味を帯びてきます。

時には、実習中にはなかなか言えなかった本音が出てくることもあります。また、みなさんはこれまでの学びや価値観から、保育に対して批判的な目もすでに養われているでしょう。こうした場で本音を話すことは大切です。しかし、忘れてならないのは、批判だけで終わらないようにすることです。その保育の背景にあるものなどに目を向け、改善するための方法についても話しあってみましょう。

実習先の評価を理解する

みなさんは、実習中あるいは実習後の反省会などで、先生方から多くの助言や指導を受けたことと思います。これらについて納得することができれば一番よいのですが、すぐには受け入れられないこともあるでしょう。

しかし、少し時が経って冷静に実習を振り返ると、そのときの助言や指導がすんなりと受け入れられることがあります。つまり、助言に対する理解が変化していくのです。このような変化がみられるようになったとき、自分のことを振り返る新たな視点が生まれてきます。そのため、そのときには理解ができない、あるいは受け入れにくい助言や指導であっても、書きとめておくことが大切なのです。

学校によっては、実習先の評価票を見せながら振り返りを行うところもあります。評価票への記載内容については一つの評価としてまっすぐに受け止め、そこから自分の保育者としてのステップアップに役立てるようにしましょう。

自己の課題を明確にする

以上のような一連の振り返りを通し、保育者としての自分の課題を明確にしていきましょう。たとえば、「声のトーンが子どもに届きにくい」「表情が硬い」といった初歩的な反省からでかまいません。そして、次の実習で小さな改善を心がけることで、少しずつステップが進みます。こうした積み重ねを経ていけば、最後の実習ではより専門的な課題をもつことができるのです。

私の課題　自身の保育者としての課題を考えてみましょう。

お礼状

お世話になった実習先の方々に対して、感謝の気持ちを込めてお礼状を書きましょう。お礼状の作成と送付は実習が終了し、実習への思いや記憶が鮮明なうちに書くことが大切です。

実習日誌のなかには、みなさんの実習中の学びが詰まっています。日誌を手元に置いて振り返りつつ、また目を閉じて実習中で一番の出来事を思い出し、心を込めて書いてほしいと思います。みなさんにとって実習経験が意味あるものだったと思えることが、実習中の指導への一番の感謝を表すこととなります。形式的な内容に終わるのではなく、具体的な出来事を入れながら書くようにしましょう。

便せん・封筒の選び方

相手が目上の人である、あらたまった内容である場合には、白い封筒と便せんが正式です。また、横書きのものは軽い印象を与えますので、縦書きを選びます。なお、同じ無地でも事務用の茶封筒は失礼にあたりますので、用いません。

筆記具

黒のペン、あるいは万年筆を用いて手書きで書きましょう。パソコンでの手紙も一般的になってきましたが、手書きには温かみがあり、みなさんの感謝の気持ちがより伝わります。また、修正液は使いません。一度下書きをして文章をまとめ、あらためてペンで清書をしましょう。

記入に際しての注意

文字や封筒の宛名は、楷書を用いてはっきりとていねいに書きます。漢字のとめ、はね、はらいなどを正確にすることを心がけるだけでも、格段にていねいな印象になります。また、日誌同様に、誤字・脱字がないようにします。そのためにも辞書を手元に置いて作成してください。

なお、縦書きの場合、数字についてはできるだけ漢数字で記載します。封筒の宛先も同様です。

手紙の形式

日本には正式な手紙の形式というものがあり、それにのっとって書くことが求められます。日ごろは相手とのやりとりをメールなどで簡易に済ませている現代では、正式な手紙を書いたことがないという人も多いと思います。社会人になると手紙を書く機会が増えますので、この機会にそうした形式をしっかりとマスターしておきましょう。また、文章は敬語（尊敬語・謙譲語・丁寧語）を用います。

お礼状の見本

前文　前付　主文　末文　後付

❶ 拝啓

❷ 落ち葉が風に舞う頃となりました。❸ 園長先生はじめ、先生方におかれては、ますますご健勝のこととお慶び申し上げます。

❹ このたびの教育実習では、大変お世話になりました。初めての実習で緊張している私をあたたかく迎えてくださり、ご指導をいただきましたことを心から御礼申し上げます。

❺ 実習では多くのことを学びました。先生方からいただいた貴重なアドバイスは、とくに心に残っています。年少クラスで行った絵本の読み聞かせでは、読むことに必死で子どもの姿を見ることができませんでした。その場面を見てくださった園長先生から、「絵本の読み聞かせも子どもとのコミュニケーションの機会なのだから、読むことに専念するのではなく、子どもの反応、言葉も受け止めましょう」というご助言をいただき、読み聞かせの奥深さを学びました。

また、子どもとのかかわりでは、なかなか子どもの中に入っていくことができなかった私に、「笑顔」の大切さと子どもへの言葉がけのポイントを教えてくださいました。

これらのご助言を受けて、保育の様々な場面で子どもとのかかわりの手がかりが得られ、その後の実習場面が大変有意義なものになりました。そして、あらためて保育者という職業にやりがいを感じ、保育の道を志す気持ちがより強くなりました。たくさんのご助言、ご指導をいただき、誠にありがとうございました。

❻ 次回は、来年六月に実習をさせていただくことになっていますが、今回の反省点をふまえて、より充実した実習が行えるよう準備を整えたいと思っています。今後ともさらなるご指導をいただけますようよろしくお願いいたします。

❼ 向寒の折、皆様のご健康を心よりお祈り申し上げます。

❽ 敬具

❾ 平成〇〇年十一月二十日

❿ 〇〇〇大学　こども学科　〇年　△△ △△

⓫ 〇〇〇幼稚園
園長　△△ △△ 様
諸先生方

---

❶ 頭語
手紙の冒頭に入れる拝啓、謹啓などの言葉で、1行目の頭から書きます。結語とセットで使います。

❷ 時候の挨拶
手紙を差し出す季節や気候によって異なります。

❸ 安否の挨拶
相手の安否を気遣うとともに、本題に入る前にワンクッション置く役割をもっています。

❹ 実習中のお礼
まずは実習でお世話になったお礼を伝えます。先方との関係性と実習のお礼のお手紙であることなど、この手紙の目的を伝える役割があります。

❺ 実習中の学び、子どもや先生たちとの思い出
実習中に得た学びや思い出をできるだけ具体的に書きます。

❻ 今後の抱負
この経験を意味あるものとしてとらえていること、また次へのステップにつなげることを伝えます。このことで先生方が指導をしてよかったと思ってくださると思います。

❼ 結びの言葉
相手を気遣う内容で締めくくる役割があります。

❽ 結語
手紙の終わりに入れる言葉です。頭語と結語の組み合わせはたくさんありますが、「拝啓」には「敬具」です。

❾ 日付
行を変え、行頭から二〜三字下げて書きます。

❿ 所属（学校名学部・学科名）・氏名
行を変え、便せんの下方に書きます。

⓫ 宛名
行を変え、便せんの上方に書きます。「様」は「先生」でも可。

封・送付について

封筒の書き方

[表]

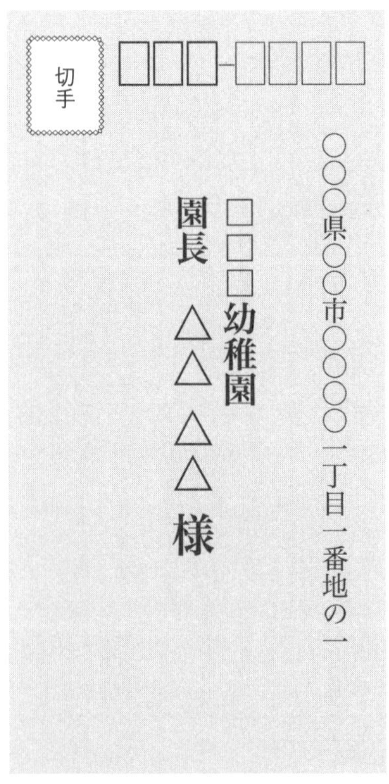

[表]

○月○日
○○県○○市○○二三四
○○大学こども学科 ○年
△△ △△△

※宛名の「様」は「先生」でも可。

便せんの折り方

三つ折りにして、手紙の書き出し（●）が右上に来るようにして封をします。

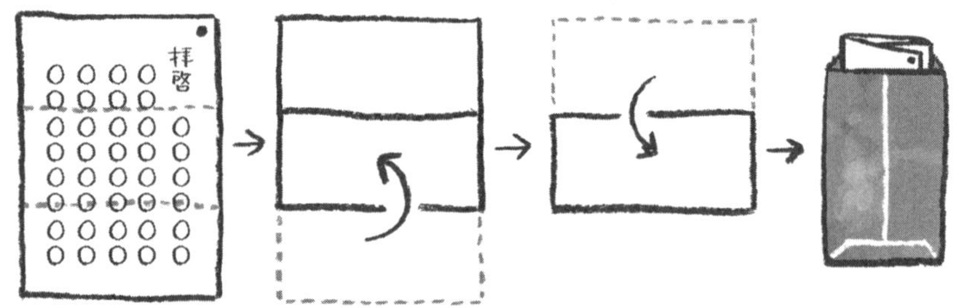

Point

郵便料金について

切手は、封をした封書の重さによって料金が異なりますので、重さを確認したうえで必要な金額の切手を貼るようにしましょう。切手の金額が不足している場合には、先方に追加料金が発生したり、あるいは届かない場合があります。また、定形外の大きさの封筒は料金基準が変わりますので、定型のものを選ぶか、大きさを郵便局で確認する必要があります。せっかくのお礼状がこうしたことで迷惑をかけることにならないよう注意しましょう。

報告書の作成

すべての実習が終了したあと、実習形態や学校によって異なりますが、「報告書」を作成します。報告書は、これまでに行われた実習の振り返りをまとめ、また文字として残すことにより貴重な学びの資料となります。

1 実習を総合的に振り返り、まとめる

実習経験を総合的に振り返り、まとめることで自分自身の経験を整理するところに報告書の目的があります。実習前から実習中、実習後の具体的な準備から、実践した内容とその反省を整理します。

経験（点）からその意味（線）へ

取り組みの最中は目の前にあるやらなくてはならないことで精一杯だと思いますが、のちに振り返ることで、自分が取り組んだ内容の意味が一本の「線」として見えてきます。

保育所・幼稚園・認定こども園の実習の場合は、クラスが固定されていることもあれば、各年齢を数日ずつ経験することがあります。たとえば、あるクラスに配属されたならば、「今日は主な活動が製作だな」「明日はお誕生日会が予定されているな」と、保育の中身とそれに伴って“自分がすべきこと”に気持ちが集中しています。しかし、実習が終了し、振り返ってそれらのエピソードをあらためて並べてみることで、子どものさまざまな姿や保育者のその時々に応じた援助の工夫などをじっくりと学んできたことに気がつきます。

また、施設の実習であれば、障がいをもった人や支援が必要な子どもに対して、とまどいながらも必死で援助に向かう姿があったことでしょう。そうした毎日が終わり、少し時間を置いて経験を振り返ったときに、普段はなかなか接することができない人たちと触れあうことができた、貴重な体験を得たことを改めて実感することができるのです。

つまり点を一本の線にするということは、経験（点）の意味を明らかにしていくことなのです。

視点を決めてまとめることの大切さ――「知る」から「わかる」へ

みなさんは実習で多くのことを知識として「知る」ことになります。この貴重な経験の軌跡は、みなさんの手元に実習日誌という形で残ります。しかし日誌はいわば先に見た詳細な「点」の積み重ねです。振り返りが大切であることは間違いありませんが、だからといって毎日の記録を読み返すという作業は、書いたときと同じように多くの時間を費やします。 そしてその“労力”に対し「あーがんばったなー」という感想をもって終わりがちです。 それではせっかくの保育の知識が労力だけクローズアップされ、活かされません。では、どのようにしたらよいのでしょうか。

人に何かを伝えたいとき、エピソードの一部始終をだらだらと話すよりもシンプルに表現することでより伝わりやすくなります。そしてこの営みは、自分自身に対しても同様です。つまり、視点を決めて経験をシンプルにまとめることで、「私はこの経験から○○を学んだ」と明確に自分の心にも残るのです。こうして自分の心に残った事柄は、「わかった」こととして確かな学びになって記憶のなかに位置づいていきます。

以上のように整理をすることで、あらためて実習経験を振り返り自覚することにより、次の実習の課題や学生生活における学びの軸を明らかにし、保育者として成長するという目的に向かって努力していく手がかりとなるのです。

2 資料としての役割

こうした報告書は個々の振り返りという役目だけではなく、資料としての役割もあります。

記録を記した資料といえば実習記録がありますが、記録は関係した人以外は目に触れることができませんし、またそれぞれの学生の手元に戻ります。そのため、実習報告書は他者が手にすることができる公の資料としての役割も大きいのです。

他者とはとくに後輩です。みなさんも先輩の経験談を聞く機会があったり、自分が実習する予定の実習先の先輩が記した資料を参考にする機会があったことと思います。自分と同じ立場の先輩の経験談を読んだり聞いたりすることで、不安でいっぱいの実習が幾分イメージでき、心構えができます。

また、実習内容は実習の種別の違いだけでなく、同じ種別でも園や施設によって異なります。そのため、各実習先で行われていることや実習担当保育者から求められること、また必要な事前準備などをあらかじめシミュレーションすることができるのです。

このように「報告書」は貴重な資料として、また後輩へのエールとなるような内容に構成することを心がけてください。

3 報告書の内容

「報告書」の内容は学校によって異なりますが、一例としては次のような項目があります。

実習先の概要：園（施設）名、所在地、職員構成、子どもや利用者の構成など

実習前

・実習に向かう心構え：どのような気持ちでいたか、どのような目標をもっていたか
・実習までの準備：具体的に用意したもの（復習したこと、絵本、手遊び、ペープサート、パネルシアター、エプロンシアター® など）

実習中

・実習内容：実習計画、配属クラス、部分実習、責任実習の有無など
・実習中の生活、心がけたこと：日常生活で心がけたことなど
・子どもや利用者の姿から学んだこと
・実習担当保育者の姿から学んだこと
・保育環境（施設環境）から学んだこと

実習後

・反省点：実習を通して反省したこと
・自己課題の明確化：教育者、保育者としての自分の課題を整理する
・今後の取り組み：次の実習、あるいは保育者になるまでの努力目標
・後輩へのエール（メッセージ）

[報告書(例)]

学生氏名	学籍番号　20×××× 　　氏名　○○　○○○		
実習施設名	社会福祉法人○○会 ○○保育園	実習種別	保育所
所在地	東京都　○○区　○○　○○○○1-23-3 電話番号　△△-△△△△-△△△△		
職員の構成	園長　1名 副園長　1名 職員(保育士他)　15名 調理師　4名	子ども・ 利用者について	0歳(ふたば)　8名 1歳(たんぽぽ) 12名 2歳(ちゅうりっぷ) 12名 3歳(ゆり) 20名 4歳(ばら) 25名 5歳(ひまわり) 30名

◆実習前

① 実習に向かう前の心構え

最後の保育実習ということで、これまでの実習経験からも子どもとのかかわりや保育者としての技術の向上など、克服したい気持ちもあり、今回は実習に行く前から緊張感が高かったです。ただ、1年前に行った園と同じ保育所だったので、子どもたちの成長した姿に会えることはとても楽しみでした。園長先生も前回の課題等を覚えていて、親身に指導計画について助言をくださったので心強く感じ、また身が引き締まる思いでいました。

② 実習までの準備

実習前半は各クラスへの配属、また実習後半は責任実習を含めて3歳児クラスに配属されることがわかったので、各年齢の発達と、とくに3歳児の発達の姿について、授業のテキストや実習日誌を読み返すなどして復習しました。

オリエンテーションで、部分実習を多く経験させてもらえるとうかがったので、年齢に適した絵本や紙芝居を10作品ほど用意し、あらかじめ練習しました。

また、授業で作成したり、自分で用意したパネルシアターやエプロンシアター、ペープサートを用意しました。

◆実習中

① 実習内容

日付	クラス	実習内容
2/12(月)	ふたば(0歳児)	手遊び「ころころたまご」 絵本の読み聞かせ『じゃあじゃあびりびり』
2/13(火)	たんぽぽ(1歳児)	手遊び「ぐーちょきぱー」 絵本の読み聞かせ『おつきさんこんにちは』
2/14(水)	ちゅうりっぷ(2歳児)	手遊び「さんびきのこねずみ」 絵本の読み聞かせ『できるかな』
2/15(木)	ばら(4歳児)	手遊び　ペープサート「おむすびころりん」ピアノ伴奏「朝の歌」
2/16(金)	ひまわり(5歳児)	手遊び「ミッキーマウス」 絵本の読み聞かせ『ないしょのおともだち』 ピアノ伴奏「朝の歌」
2/17(土)	合同保育	合同保育へ参加
2/19(月)	ゆり(3歳児)	手遊び「きゃべつの中から」 絵本の読み聞かせ(大型絵本)『はらぺこあおむし』 ピアノ伴奏
2/20(火)	ゆり	歌遊び「おにのパンツ」 絵本の読み聞かせ『ももたろう』 ピアノ伴奏
2/21(水)	ゆり	パネルシアター「パンダうさぎコアラ」 紙芝居「赤ずきん」 ピアノ伴奏
2/22(木)	ゆり	☆責任実習「フルーツバスケット」 手遊び「やおやのおみせ」 ピアノ伴奏
2/23(金)	ゆり	手遊び「小さな畑」 エプロンシアター「大きなかぶ」 ピアノ伴奏
2/24(土)	合同保育	合同保育に参加

② 子どもや利用者の姿から学んだこと

今回の実習でも、前回と同様に小さいクラスから見せていただいたので、各年齢の発達段階についてより深く理解できました。また、１年前に出会った子どもたちがそれぞれ大きくなった姿も見ることができました。

一日実習をした３歳児クラスは、１週間同じクラスで実習ができたこともあり、子ども一人一人の個性がつかめたため、言葉かけや子どもとのかかわりもよりスムーズに行うことができました。

同じ３歳児でも経験や月齢の違いによって、育ちや子どもの状態が異なることが、同じ年齢を長く経験することにより深く理解することができました。

③ 保育者（指導員）から学んだこと

とくに学べたことは、年齢に応じた言葉がけや子どもとのかかわりのポイントです。子どもたち全体に呼びかけるときと、一人一人へ呼びかけるときの声のトーンの違い、メリハリのある話し方など、多くの工夫をされていることを学びました。こうした工夫があるからこそ、子どももよく聴くこと、子どもに届くことがわかりました。

また、何より保育者として大切なアドバイスをたくさんいただき、保育者になりたい気持ちがより強くなりました。

④ 保育環境（施設環境）から学んだこと

小さいクラスの保育室は、安全を考慮されたつくりになっており、さらに子どもに合わせた低い目線で環境構成がされていました。大きいクラスの場合には、子どもたちが自分でできることが増えるような動線の工夫がされていました。また、各クラスの壁面には、子どもたちの誕生日や季節に合わせた壁面構成がほどこされていました。

◆実習後

① 反省点

反省点はたくさんあります。一日実習では、指導の先生と何度も話し合いを重ねて、指導案の修正や展開の工夫などを考えていったつもりですが、やはり緊張があったり、予測できなかった反応にとまどってしまうなど、スムーズに進めることができませんでした。また、声が届きにくかったこともあり、説明がうまく行き渡りませんでした。臨機応変に対応できなかったことが一番の反省点です。

② 自己課題の明確化

これまでの実習を通して得た自己課題は次の点があります。１.子どもとのかかわり　２.発達に応じた言葉がけや保育方法　３.ピアノの技術　４.声の大きさや表現力

とくに、４の声の大きさや表現力については、自分で練習したときと子どもの前に立ったときでは大きく違いました。先生方のように豊かな表現力のある発声ができるようになりたいと思っています。

③ 今後の取り組み

今後、保育者になるために必要なこととして、次の点があります。

・保育の引き出しをたくさんもち、表現力を養うこと。
・ピアノの苦手意識をなくすこと。
・絵本や紙芝居をたくさん読んでおくこと。
・子どもの育ちの姿をより深く学んでおくこと。

④ 後輩へのエール

実習は緊張することが多いと思いますが、やはり教室では学べないことが多い、貴重な機会です。ぜひ積極的に動くことを心がけて、先生方とのコミュニケーションも忘れずにとるようにしてください。そのためにも私は挨拶やお手伝いなど、自分から声を出すように心がけました。

また、何より子どもたちは本当にかわいいです。子どもたちとのかかわりから、私は保育者になりたい気持ちがより強くなりました。

先輩たちの声

実習で楽しかったこと

半日実習（保育所・２回目）のとき、２歳児クラスをうまくまとめられるか不安だった。しかし、ペープサート（導入）→新聞紙遊び（主活動）のいずれも子どもたちにとてもうけ、先生からも「子どもたちが楽しそうでよかった」と言ってもらえてうれしかった。同時に、興奮した子どもたちの安全配慮をするといった課題も見つかってよかった。

２週間ずっと避けられ、会うたびに「キライ」と言われつづけた利用者の方に最終日、満面の笑みで「あなたと会えてよかった。ありがとう」と言われたこと。あきらめずにかかわってきてよかったと思った。後日、職員の方から、避けたり「キライ」と言ったりするのは、その利用者の方なりの愛情表現だと聞いた。（障害者支援施設での実習より）

日を重ねるごとに子どもたち一人一人の個性が見えてきた。その子どもたちがより楽しく豊かな園生活を送れるよう、どうかかわるべきかを考えて接するなかで、子どもと一緒に喜んだり成長を感じられたことがよかった。

一日の長い実習を終えて帰るとき、室内から数人の子どもたちが窓越しに手を振ってくれていた。園の門を私が閉めてもずっと手を振ってくれていて、一日がんばってよかったなと心から感じることができた。

子どもの成長に立ち会えたとき！たった２週間だけど毎日違う姿を見せてくれる子どもたち。笑った顔、怒った顔、泣いた顔、たくましい顔、何かに気づいた顔……。それらを自分が発見したり気づけたときに、保育ってやっぱり楽しいと思った。

自分で作った紙芝居やパネルシアターを演じているときはとても楽しかったし、子どもたちが喜んでくれてうれしかった。ピアノも読み聞かせも緊張したけど、楽しく演じることができた。担任の先生と子どものことについて話したり、実習録についてたくさん話をしてくれたこともよかった。

実習は、今まで近所の子どもたちと遊んだりしたかかわり方とはまるで違う。保育者を意識して子どもたちとかかわると、子どもたちも「ただのお姉さん」ではなく、「大好きな先生」として接してくれた。実際にかかわることで、より子どもたちについて知りたいと思えた。

基本的に実習前は不安な気持ちで行きたくなくなるけど、いざ始まると毎回楽しく終えることができている。うれしかったことは、担任の保育者以外だと何をしても泣きやまなかった０歳児の女の子がいて、私が０・１歳児に入る最後の日、いないいないばあをすると笑って喜んだり、抱っこしても泣かなくなったこと。「根気強くかかわっていたから心を開いてもらえたんだよ」と担任の保育者に言われ、あきらめずにかかわってよかったと思った。

実習で大変だったこと

まずは毎日の日誌！　書きたい量に時間が足りず、寝不足の毎日でつらかった。それに加え、製作物を作ったりする時間も必要だったので、疲労がたまっていくのがしんどかった。でも、終わったときの達成感は最高。

一日実習のとき、私が思っていた流れとまったく異なる子どもたちの動きにうまく対応できずグダグダになってしまい、反省会では悔しさと情けなさで号泣してしまった。しかし、次へのステップになったと思う。

子ども同士のけんかや、やりたいことがうまくいかず葛藤しているときにどう援助するのがよいのか、その場で考え行動していかなくてはならないのが難しいと感じた。

とにかく日誌は大変だった。とくに保育園では朝から夕方（夜）までずっと子どもたちと一緒。メモをとる時間もあまりなく、疲れたからだで一日を朝から振り返るという作業は、慣れるまで時間がかかった。また、せっかく慣れても園によって書き方が異なることもあり、苦労しました。

初めての実習。次の日が休みだったので、ついソファでウトウトしてしまい風邪をひき、残り１週間は声がほとんど出ない状態で子どもたちとかかわることに……。体調管理はいつも以上に徹底するべき。

実習前にやっておくといいこと

実習前・実習中に手づくりの教材を作っておくこと。得意な手遊びをできるだけたくさん用意すること。部分実習・一日実習で行う活動をいくつか考えておくこと。

実習園の保育方針をよく確認し、その方針に合わせられるよう準備する。自分の保育観と異なっていても勉強になるし、あらためて自分の保育観を見直すきっかけにもなる。

パネルシアターやペープサート、手袋シアターなどを時間があるうちに作っておいたほうがいい。実習が決まってからだと、とても制作する時間はないので。いまのうちに作っておけば、実習だけでなく現場でも役に立つはず。がんばってください！

アニメを観ておくことも大事。子どもが「○○好き？」と聞いてきてくれても、すべて「ごめんね、わからない…」。教えてもらったけど結局よくわからず、子どもとの会話が盛り上がらなかった。

付録

実習に生かせる 楽しい保育実技

自己紹介

腕人形などを使って

実習の初日には子どもたちの前で自己紹介をする機会があります。あがってしまいそうなときは、腕人形などを使うと子どもの視線が人形に向き、興味をもって話を聞いてくれるでしょう。

自己紹介の例

実習生「○○組のみなさん、おはようございます。今日、 私はお友達と一緒に来ました。（腕人形を出しながら）うさぎのピョンコちゃんです」

ピョンコ「おはようございます。ピョンコです。今日から◇日間、○○組のお友達と一緒に遊びたいと思います。よろしくお願いします。今日、私と一緒に来たお姉さん先生の名前は△△□□です。絵本を読むのが大好きで、幼稚園の先生になるお勉強をしています」

実習生「ピョンコちゃん、紹介してくれてありがとう。○○組のお友達、ピョンコちゃんと私と仲良くしてくださいね。どうぞよろしくお願いします」（おじぎをする）

カード型自己紹介

実習生の名前を楽しく紹介する方法です。氏名を１文字ずつひらがなで画用紙（大きめのカード）に描きます。裏にはその文字で始まっていて子どもにもわかる物の絵を描きます。

方法1（年少向け）：子どもたちに絵を見せながら「これはなんでしょう？」と聞きます。
方法２（年中・年長向け）：絵を見せずにクイズ形式で、たとえば「白くてぴょんぴょん跳ねる動物だあれ？」と聞きます。正解「うさぎ」が出たら絵を見せます。

絵を1枚ずつ見えるように黒板などに立てかけるか、マグネットで貼ります。最後に画用紙（カード）を裏返して名前を紹介します。

例）
う……うさぎ
え……えんぴつ
き……きりん
か……カメラ
い……いぬ
と……とけい

【クイズの例】

白くてぴょんぴょん跳ぶのが大好き、だあれ？（答：うさぎ）
字を書くときに大活躍する、細くて長いものなーに？（答：鉛筆）
動物園で一番の背高のっぽ、だあれ？（答：キリン）
みんなのかわいいお顔をパチッと撮るものなーに？（答：カメラ）
大きいのも小さいのもいるよ。「ワン」て鳴くのはだあれ？（答：犬）
コチコチカッチン、時間を教えてくれるものなーに？（答：時計）

【応用編】

ペープサートやパネルシアターで作ってもよいでしょう。

手遊び歌

いただきます

作詞・作曲：阿部直美

1.〜5. おべん とば こ あけ た ら {さん か くおむ すび / まん ま るたま ごが / しか く いはん ぺん / あな あ きれん こん / まっ か なにん じん} こん にち は

な んで も たべるこ げん きげん き げ ん き だ よ ー

遊び方

①おべんとばこあけたら

両手のひらを上下に合わせて前に出し、ふたを開けるように上の手を上げる

②さんかくおむすび

頭の上に両手で三角をつくる

③こんにちは

２のままおじぎをする

④なんでもたべるこ

４回手拍子をする

⑤げんき

右手を前に出す

⑥げんき

左手を前に出す

⑦げんきだ

右腕と左腕を順に曲げる

⑧よ

ガッツポーズをする

2番 まんまるたまごが

頭の上に両手で○をつくる

3番 しかくいはんぺん

親指と人差し指で四角をつくる

4番 あなあきれんこん

左右の親指と人差し指で輪をつくり、目のところでメガネのようにする

5番 まっかなにんじん

両手の平をほっぺたにあてる

リズム遊び

せんたくジャブジャブ

採譜：善本眞弓

※作者は不詳です。筆者が幼稚園の子どもたちと一緒に歌詞と振りを加えました。

遊び方

二人１組になり両手をつなぐ

1番 ジャブジャブ

つないだ両腕を左右に振る

2番 すすいで

片腕ずつ相手と交互に押したり引いたりする

3番 しぼって

両腕をつないだまま×にして交差させる

4番 ほして

一人が〈洗濯物〉になって両腕を広げる。相手は〈洗濯物〉の人のからだを干すようにさすったり、服を引っぱる

5番 かわいた

〈洗濯物〉の人は両腕を肩まで上げ、相手は手をたたきながら〈洗濯物〉のまわりをスキップする

6番 アイロンかけて

相手は右手をグーにしてアイロンをつくり、〈洗濯物〉の人のからだ（服）にアイロンがけをするようにさする

7番 たたんで

相手が〈洗濯物〉の人の腕を「♪たたんでたたんでよ」で片腕ずつ折り曲げて、胸の前で×にする

8番 しまって

相手がリズムに合わせて少しずつ〈洗濯物〉の人の両肩を下に押す。〈洗濯物〉の人はしゃがんで小さくなる

リズム遊び

木の中のリス

作者不詳

準備物：笛

遊び方

① 準備

3人組になり、二人が向かい合って両手をつなぎ〈木〉になります。次に、そのなかに残りの一人が入って〈リス〉になります

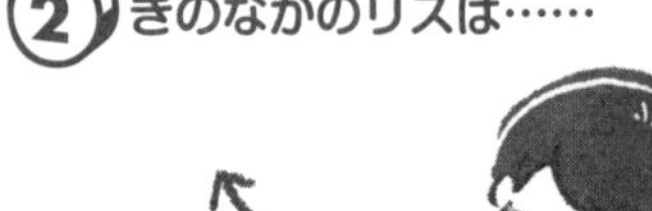

② きのなかのリスは……

歌に合わせて〈木〉の子どもたちが腕を横に揺らします

③

歌が終わって笛が鳴ったら、〈リス〉はほかの〈木〉に移動します

④

2番の歌が終わったら、〈リス〉はそのままで〈木〉が移動します

リズム遊び＋ジャンケン遊び

かもつれっしゃ

作詞：山川啓介
作曲：若松正司

遊び方

① かもつれっしゃ　シュシュシュー……

両手をからだの横で汽車のように動かしながら、一人で曲に合わせて自由に歩く（走る）

② ガッシャン、「ジャンケンポン」

友達と両手を合わせたあと、ジャンケンをする

③

負けた子どもは勝った子どもの後ろに回り、前の子どもの肩に両手をかける

④

①②を繰り返し、曲の終わりで相手を見つけ、ジャンケンする

⑤

最後はクラス全員で長い列になって終わる

作って遊ぼう

くるりんぱ

1枚の丸い紙を使って遊びます。

準備物：直径5～6cmくらいの丸を描いた厚めの紙（画用紙など）を一人5枚ずつくらい、クレヨン、はさみ

作り方

1

丸型をはさみで切り取る

年長児：子どもが自分で○を描いて切ってもよい
年少児：丸く切ってある紙を渡すとよい

2

丸い紙の片面に顔を描く。同じものを5枚作る

遊び方

A

① 友達と二人で「くるりんぱ」と言いながら、1枚ずつ丸型を上から落とす

② 顔が表になったほうが「勝ち」で、相手の丸型をもらえる。二人とも表または裏が出たら、もう一度。それぞれ自分の丸型を引き取ってもよい

※裏が出たら「勝ち」にしてもよい。子どもが決められるとよい。

③ 相手をかえて同じことを繰り返していき、丸型がなくなったら終わり。最後に一番多く丸型を持っていた人が「くるりんぱチャンピオン」になる

※子どもと一緒に敗者復活の方法を考えるとよい。

B

① 一人1枚丸型を持つ。全員で一緒に「くるりんぱ」と言いながら、丸型を上から落とす

② 顔が表になった人だけ勝ち進む。裏が出た人は座って応援する

③ 勝ち残った人が①を繰り返す。最後に残った人が「くるりんぱチャンピオン」になる

作って遊ぼう

折り紙

1つの折り方からさまざまなものに変身していく折り方です。

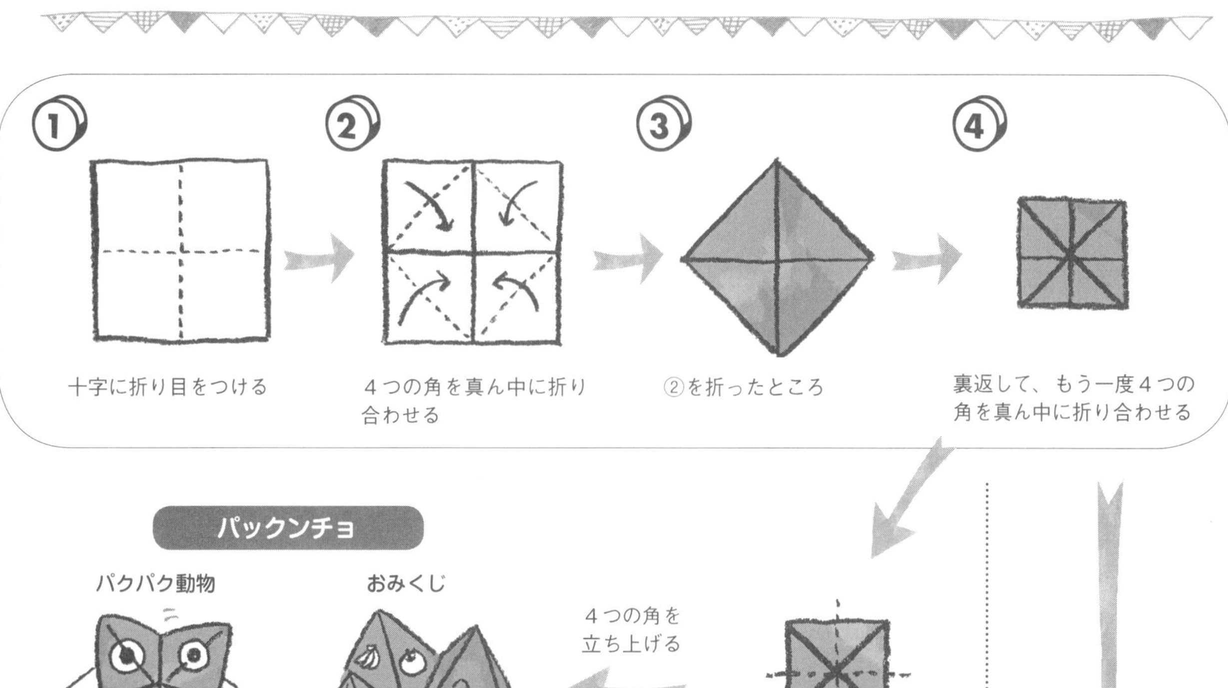

十字に折り目をつける

4つの角を真ん中に折り合わせる

②を折ったところ

裏返して、もう一度4つの角を真ん中に折り合わせる

十字に折り目をつける

4つの角を立ち上げる

両手の親指と人差し指を入れる

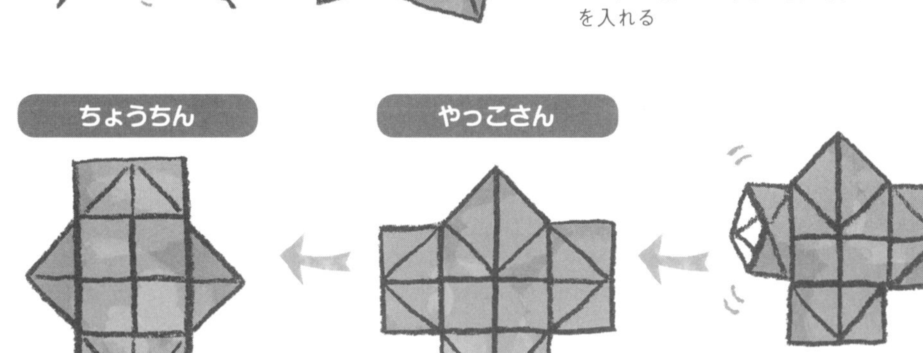

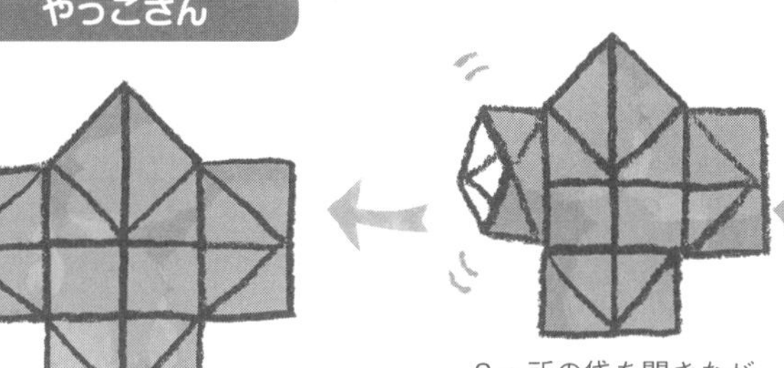

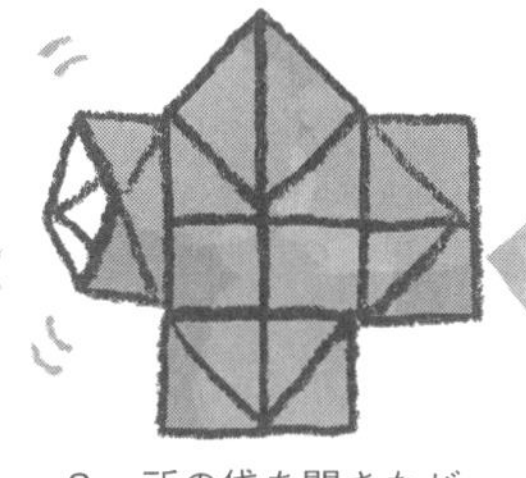

3ヵ所の袋を開きながら、つぶすように折る

裏返して、また4つの角を真ん中に折り合わせたら裏返す

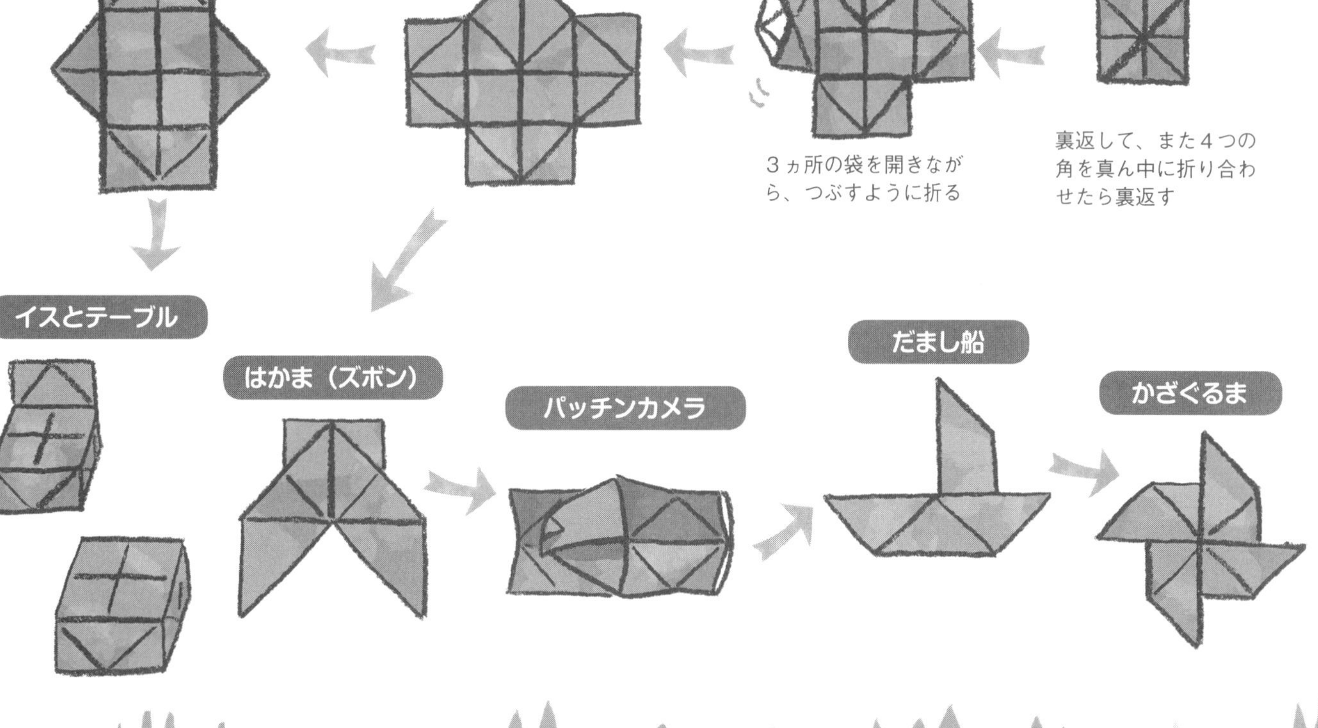

表現遊び

新聞紙遊び

新聞紙を使っていろいろな遊びを楽しんでみましょう。

いくつ思いつくかな？

おばけだぞー

新聞紙のお洋服

穴を開けてのぞこう

輪を作ろう

丸めてボール作り

ボール運び

運動遊び♪

広い場所で遊ぶようにしましょう。

新聞紙をジャンプ

落とさないように走る

1枚の新聞紙を跳んでもぐって

ジグザグ歩き

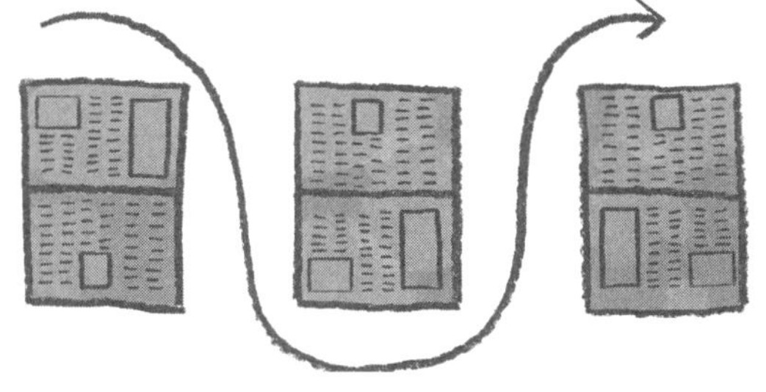

ビリビリ

「ビリビリやぶり」は後半にしましょう。

ひっぱりっこ

細かくちぎる・細く裂く

新聞紙の雪が降る

新聞紙プール

最後はみんなで集めて、ビニール袋に入れて怪獣や人形（画用紙で目や手をつけて）、ボールなどを作ってみましょう！

弾ける！超かんたん楽譜集

保育者をめざして養成校に入学してから初めてピアノに触れた人、指がなかなか動かずに苦心している人、左手の伴奏が難しいと感じている人など、実習を前に不安になっている人もいることでしょう。

そこで、ピアノ初心者を対象に、保育のなかでよく使われる曲を、左手の伴奏を極力簡単にして紹介します。ピアノの技術が上達したら、ステップアップした楽譜に移行してください。

子どもたちと一緒に歌を歌うときは、途中で間違ってしまっても弾き直しをしないのが原則です。まずは右手のメロディをしっかり弾けるようにし、次に左手の伴奏だけを練習して、最後に両方合わせて弾きましょう。ピアノの弾き歌いは練習することが大切です。がんばりましょう。

鍵盤の確認

おもに右手で弾く「ト音記号」と、左手で弾く「ヘ音記号」の音符と鍵盤の位置を確認しておきましょう。

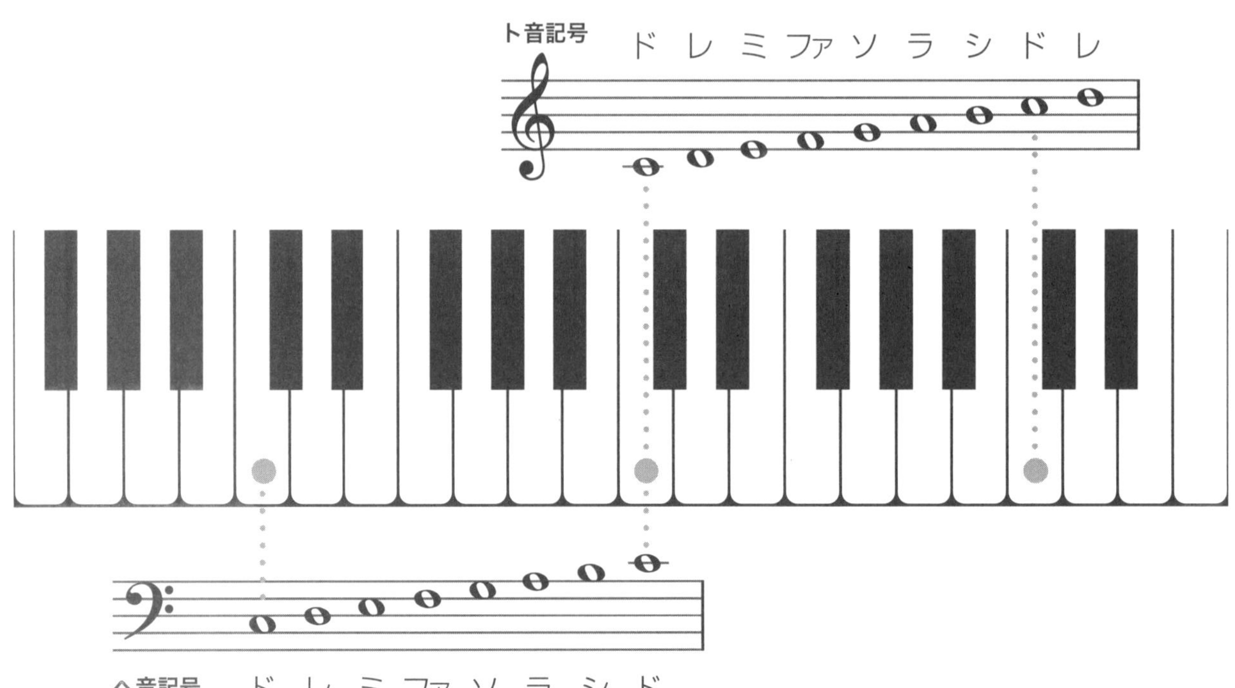

朝のうた

作詞：増子とし　　作曲：本多鉄麿

アドバイス

歌を歌うとき、保育者や実習生は「大きな声で」「元気よく」と声をかけがちですが、そうすると大きな声で怒鳴るように歌う子どもがいます。曲によって「きれいな声で」「やさしい声で」と声をかけ、気持ちを込めて無理のない歌い方ができるようにすることも大切です。

朝のごあいさつ

作詞：高　すすむ　作曲：渡辺　茂

♩＝100

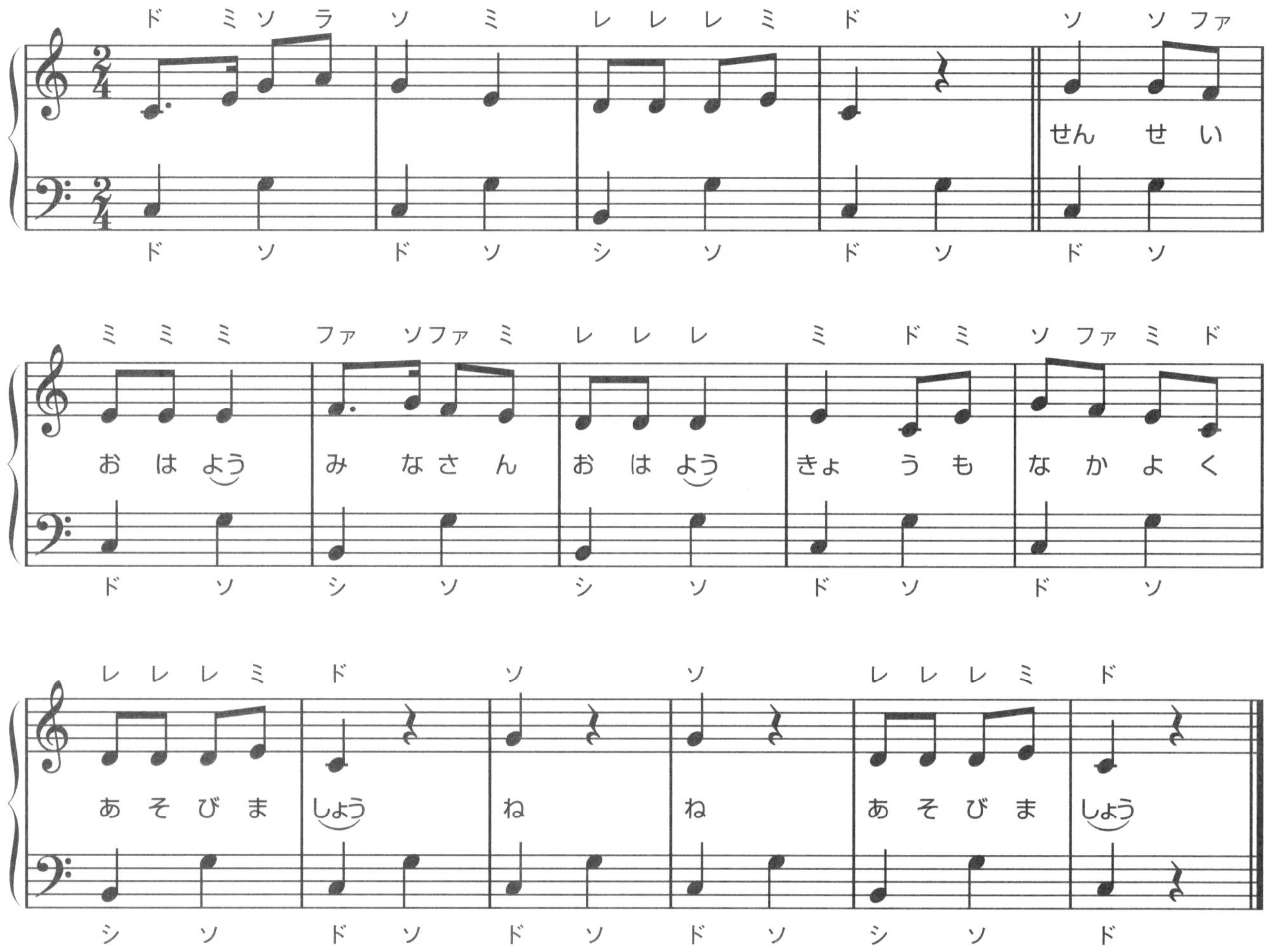
ド　ミソラ　ソ　ミ　レレレミ　ド　ソ　ソファ
せん　せい
ド　ソ　ド　ソ　シ　ソ　ド　ソ　ド　ソ
ミミミ　ファ　ソファ　ミ　レレレ　ミ　ドミ　ソファミド
おはよう　みなさん　おはよう　きょうも　なかよく
ド　ソ　シ　ソ　シ　ソ　ド　ソ　ド　ソ
レレレミ　ド　ソ　ソ　レレレミ　ド
あそびま　しょう　ね　ね　あそびま　しょう
シ　ソ　ド　ソ　ド　ソ　ド　ソ　シ　ソ　ド

おかたづけ

作者不詳

♩＝120

ドドドレミ　ドドドレミ　レ　ドレミファソファ　ミミレレド
おかたづけ　おかたづけ　さ　あさみんなで　おかたづけ
ドソソソ　ドソソソ　シソドソ　ドソド

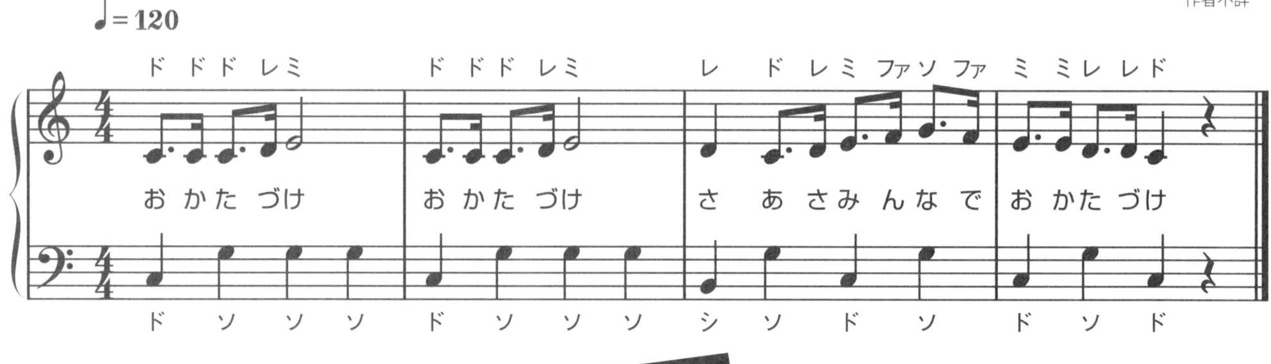

アドバイス

前奏について
前奏は歌い出す準備になり、子どもたちの歌う気持ちを引き出します。楽譜に前奏がない場合には、終わりのフレーズ（2～4小節）を前奏として弾くとよいでしょう。歌い出し直前に「さんはい」と声をかける方法もあります。

おべんとう

作詞：天野　蝶　　作曲：一宮道子

One Point!

楽しいお弁当（給食）の時間です。給食の場合には歌詞「おべんと」の部分を「きゅうしょく」に置きかえて歌います。「今日のお昼は何かな？」と楽しみになるように歌いましょう。歌の終わりにはみんなで一緒に「いただきます」の挨拶をします。

さよならのうた

♩=104〜108

作詞：高　すすむ　作曲：渡辺　茂

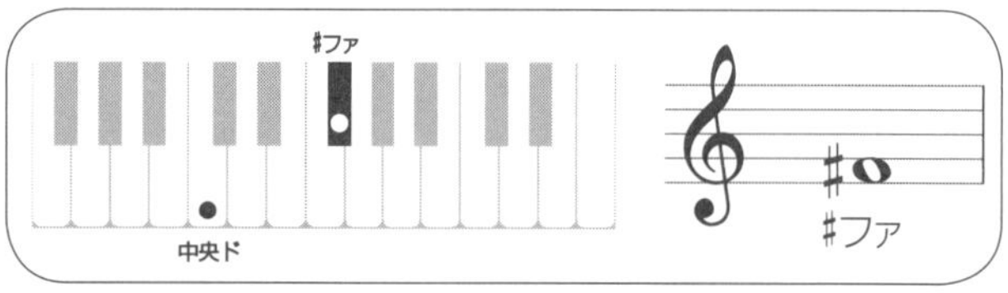

ド　ドシ　ラソ　ソラ　シ　ド　ド　ドド　ド　ドシ　ラ　ソ　ソ
おもしろかった
ド　ソ　シ　ソ　ド　ソ　ソ　ソ　ド　ソ　ソ　ソ

ラ　ラソ　ファミ　ミ　ファ　ファミ　レド　ラ　ソ　ラソ　#ファ　ソ
おもしろかった　おもしろかった　おあそびも
ド　ソ　ソ　ソ　ド　ラ　ラ　ラ　シ　ソ　ソ　ソ

ミ　ド　レ　ミ　ファ　ソ　ソ　レ　ファミ　レ　ド
きょうは　おしまい　さようなら
ド　ソ　ソ　ソ　ド　ソ　ソ　ソ　シ　ソ　ソ　ソ　ド　ソ　ソ　ソ

レ　レ　レ　ファ　ミ　レ　ド　レミ　ファ　ソ
せんせい　さようなら　またあした
シ　ソ　ソ　ソ　シ　ソ　ソ　ソ　ド　ソ　ソ　ソ　ド　ソ　ソ　ソ

ラ　ラソ　ソ　ド　ドシ　ラ　ソ　ソラ　シ　ド
みなさん　さようなら　またあした
ド　ラ　ラ　ラ　ド　ソ　ソ　ソ　シ　ソ　ソ　ソ　ド　ソ　ソ

#ファ
中央ド
#ファ

アドバイス

今日一日楽しかったことを振り返ることができるように、声をかけて歌いましょう。

おかえりのうた

作詞：天野　蝶　　作曲：一宮道子

One Point!

ピアノの練習の仕方

①メロディ（右手）をドレミで歌ってみましょう。
②リズムに気をつけ、もう一度ドレミで歌ってみましょう。
③ピアノでメロディ（右手）だけを弾きましょう。
④右手が弾けたら、伴奏（左手）部分を①②③と同じように練習してみましょう。
⑤左手が弾けたら、メロディ（右手）と伴奏（左手）を一緒に弾いてみましょう。（途中で間違えても弾き直さず歌を続けて、途中から弾けるように練習します。）
はじめはゆっくり確実に弾けるようにします。間違えずに弾けるようになったら、歌う速さで弾いてみましょう。
⑥子どもの前で弾くイメージで、歌を歌いながら弾きましょう。

はをみがきましょう

♩＝96

作詞・作曲：則武昭彦

ソ ミ ミ ファ ソ ラ ソ ラ ミ ソ

1.〜2. は を み が き ましょう シュッ シュッ シュッ

ド ソ ド ソ ド ソ ド ソ

ミ ファ ミ レ ド レ ミ ミ ラ ミ ソ ラ ミ ソ

ブ ラ シ の た い そ う おい ち に おい ち に
こ ろ こ ろ う が い も ほ ら ね ほ ら ね

ド ソ ド ソ ド ソ ド ソ

ド レ ド ラ ソ ミ レ ド ミ レ ド

じょ う ぶ な は に な れ シュッ シュッ シュッ
まっ し ろ い は に な れ

ファ ファ ソ ソ ソ ソ ド

ゆりかごのうた

♩＝56

作詞：北原白秋　作曲：草川 信

ハッピー・バースデイ・トゥ・ユー

※階名はハ長調読み

作詞・作曲：M.J.ヒル&P.S.ヒル

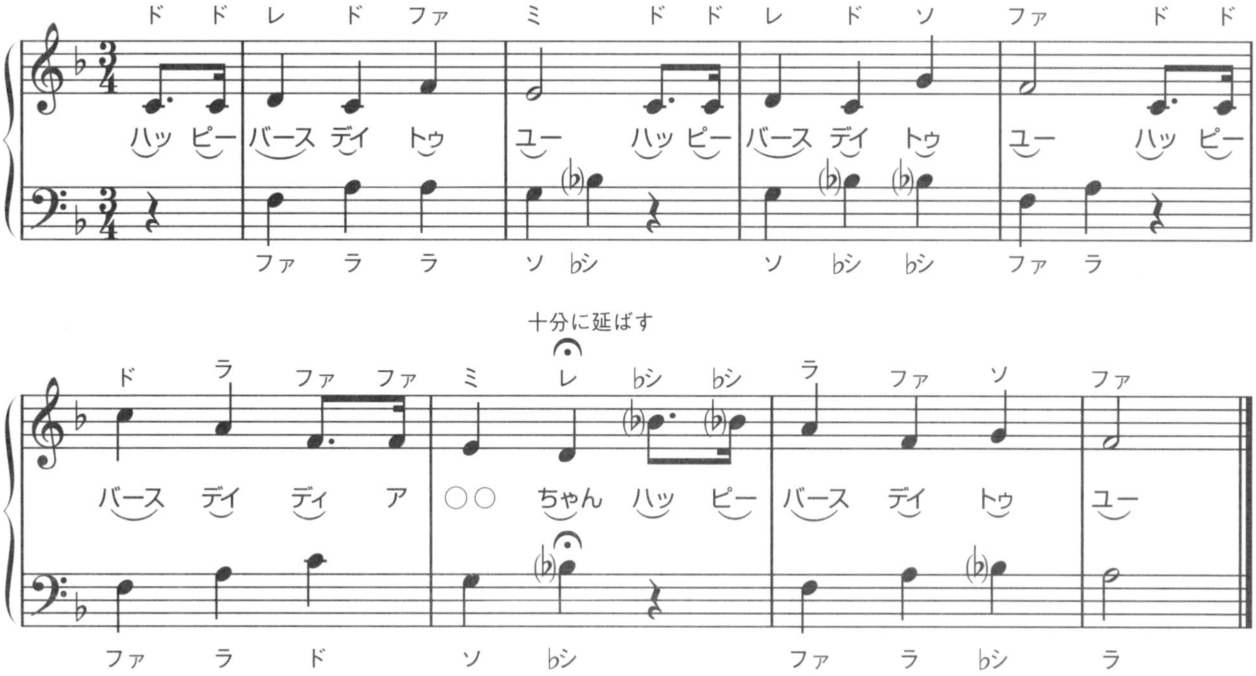

♩=100

ド ド レ ド ファ ミ ド ド レ ド ソ ファ ド ド

ハッ ピー バース デイ トゥ ユー ハッ ピー バース デイ トゥ ユー ハッ ピー

ファ ラ ラ ソ ♭シ ソ ♭シ ♭シ ファ ラ

十分に延ばす

ド ラ ファ ファ ミ レ ♭シ ♭シ ラ ファ ソ ファ

バース デイ ディ ア ○○ ちゃん ハッ ピー バース デイ トゥ ユー

ファ ラ ド ソ ♭シ ファ ラ ♭シ ラ

One Point!

歌詞の「○○ちゃん」のところに、お誕生日の子どもの名前を入れて歌いましょう。

アドバイス

この曲はヘ長調の曲です。♭（フラット）の記号がついているときは、その音を半音下げます。この場合、シの鍵盤の左側の黒鍵（黒い鍵盤）を弾きます。

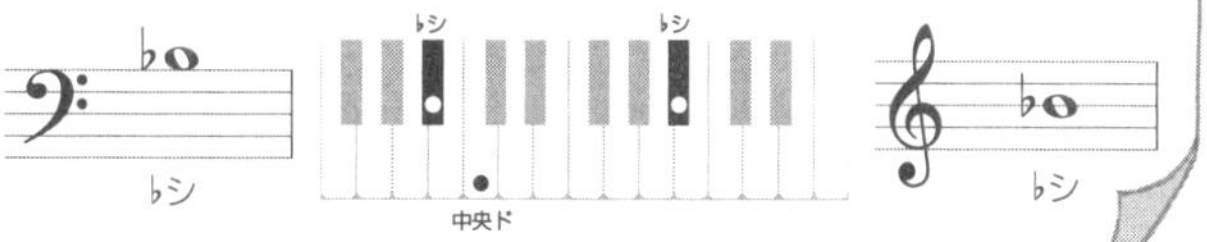

♭シ　♭シ　♭シ　中央ド　♭シ

たんじょうび

作詞：与田準一　作曲：酒田富治

One Point!

「あたしのあたしの」のところに、子どもの名前を入れて歌ってもよいでしょう。

てをたたきましょう

外国曲　訳詞：小林純一

One Point!

ピアノの練習だけでなく、子どもたちに聞こえるような元気な声で楽しそうに歌えるようにしておきましょう。

アドバイス

ピアノを弾く前に、子どもたちと一緒に手をたたいたり、足踏みをしたり、振りをつけ歌ってみましょう。「わらいましょう」は楽しそうに、「おこりましょう」は怒ったように、「なきましょう」は悲しそうに、身振り手振りを入れて表情豊かに歌いましょう。

保育所保育指針（抜粋）　平成29（2017）年　厚生労働省告示

この指針は、児童福祉施設の設備及び運営に関する基準（昭和23年厚生省令第63号。以下「設備運営基準」という。）第35条の規定に基づき、保育所における保育の内容に関する事項及びこれに関連する運営に関する事項を定めるものである。各保育所は、この指針において規定される保育の内容に係る基本原則に関する事項等を踏まえ、各保育所の実情に応じて創意工夫を図り、保育所の機能及び質の向上に努めなければならない。

1　保育所保育に関する基本原則

（1）保育所の役割

ア　保育所は、児童福祉法（昭和22年法律第164号）第39条の規定に基づき、保育を必要とする子どもの保育を行い、その健全な心身の発達を図ることを目的とする児童福祉施設であり、入所する子どもの最善の利益を考慮し、その福祉を積極的に増進することに最もふさわしい生活の場でなければならない。

イ　保育所は、その目的を達成するために、保育に関する専門性を有する職員が、家庭との緊密な連携の下に、子どもの状況や発達過程を踏まえ、保育所における環境を通して、養護及び教育を一体的に行うことを特性としている。

ウ　保育所は、入所する子どもを保育するとともに、家庭や地域の様々な社会資源との連携を図りながら、入所する子どもの保護者に対する支援及び地域の子育て家庭に対する支援等を行う役割を担うものである。

エ　保育所における保育士は、児童福祉法第18条の４の規定を踏まえ、保育所の役割及び機能が適切に発揮されるように、倫理観に裏付けられた専門的知識、技術及び判断をもって、子どもを保育するとともに、子どもの保護者に対する保育に関する指導を行うものであり、その職責を遂行するための専門性の向上に絶えず努めなければならない。

（2）保育の目標

ア　保育所は、子どもが生涯にわたる人間形成にとって極めて重要な時期に、その生活時間の大半を過ごす場である。このため、保育所の保育は、子どもが現在を最も良く生き、望ましい未来をつくり出す力の基礎を培うために、次の目標を目指して行わなければならない。

（ア）十分に養護の行き届いた環境の下に、くつろいだ雰囲気の中で子どもの様々な欲求を満たし、生命の保持及び情緒の安定を図ること。

（イ）健康、安全など生活に必要な基本的な習慣や態度を養い、心身の健康の基礎を培うこと。

（ウ）人との関わりの中で、人に対する愛情と信頼感、そして人権を大切にする心を育てるとともに、自主、自立及び協調の態度を養い、道徳性の芽生えを培うこと。

（エ）生命、自然及び社会の事象についての興味や関心を育て、それらに対する豊かな心情や思考力の芽生えを培うこと。

（オ）生活の中で、言葉への興味や関心を育て、話したり、聞いたり、相手の話を理解しようとするなど、言葉の豊かさを養うこと。

（カ）様々な体験を通して、豊かな感性や表現力を育み、創造性の芽生えを培うこと。

イ　保育所は、入所する子どもの保護者に対し、その意向を受け止め、子どもと保護者の安定した関係に配慮し、保育所の特性や保育士等の専門性を生かして、その援助に当たらなければならない。

（3）保育の方法

保育の目標を達成するために、保育士等は、次の事項に留意して保育しなければならない。

ア　一人一人の子どもの状況や家庭及び地域社会での生活の実態を把握するとともに、子どもが安心感と信頼感をもって活動できるよう、子どもの主体としての思いや願いを受け止めること。

イ　子どもの生活のリズムを大切にし、健康、安全で情緒の安定した生活ができる環境や、自己を十分に発揮できる環境を整えること。

ウ　子どもの発達について理解し、一人一人の発達過程に応じて保育すること。その際、子どもの個人差に十分配慮すること。

エ　子ども相互の関係づくりや互いに尊重する心を大切にし、集団における活動を効果あるものにするよう援助すること。

オ　子どもが自発的・意欲的に関われるような環境を構成し、子どもの主体的な活動や子ども相互の関わりを大切にすること。特に、乳幼児期にふさわしい体験が得られるように、生活や遊びを通して総合的に保育すること。

カ　一人一人の保護者の状況やその意向を理解、受容し、それぞれの親子関係や家庭生活等に配慮しながら、様々な機会をとらえ、適切に援助すること。

（4）保育の環境（省略）

（5）保育所の社会的責任（省略）

2　養護に関する基本的事項

（1）養護の理念

保育における養護とは、子どもの生命の保持及び情緒の安定を図るために保育士等が行う援助や関わりであり、保育所における保育は、養護及び教育を一体的に行うことをその特性とするものである。保育所における保育全体を通じて、養護に関するねらい及び内容を踏まえた保育が展開されなければならない。

（2）養護に関わるねらい及び内容

ア　生命の保持

（ア）ねらい

①一人一人の子どもが、快適に生活できるようにする。

②一人一人の子どもが、健康で安全に過ごせるようにする。

③一人一人の子どもの生理的欲求が、十分に満たされるようにする。

④一人一人の子どもの健康増進が、積極的に図られるようにする。

（イ）内容

①一人一人の子どもの平常の健康状態や発育及び発達状態を的確に把握し、異常を感じる場合は、速やかに適切に対応する。

②家庭との連携を密にし、嘱託医等との連携を図りながら、子どもの疾病や事故防止に関する認識を深め、保健的で安全な保育環境の維持及び向上に努める。

③清潔で安全な環境を整え、適切な援助や応答的な関わりを通して子どもの生理的欲求を満たしていく。また、家庭と協力しながら、子どもの発達過程等に応じた適切な生活のリズムがつくられていくようにする。

④子どもの発達過程等に応じて、適度な運動と休息を取ることができるようにする。また、食事、排泄、衣類の着脱、身の回りを清潔にすることなどについて、子どもが意欲的に生活できるよう適切に援助する。

イ　情緒の安定

（ア）ねらい

①一人一人の子どもが、安定感をもって過ごせるようにする。

②一人一人の子どもが、自分の気持ちを安心して表すことができるようにする。

③一人一人の子どもが、周囲から主体として受け止められ、主体として育ち、自分を肯定する気持ちが育まれていくようにする。

④一人一人の子どもがくつろいで共に過ごし、心身の疲れが癒されるようにする。

（イ）内容

①一人一人の子どもの置かれている状態や発達過程などを的確に把握し、子どもの欲求を適切に満たしながら、応答的な触れ合いや言葉がけを行う。

②一人一人の子どもの気持ちを受容し、共感しながら、子どもとの継続的な信頼関係を築いていく。

③保育士等との信頼関係を基盤に、一人一人の子どもが主体的に活動し、自発性や探索意欲などを高めるとともに、自分への自信をもつことができるよう成長の過程を見守り、適切に働きかける。

④一人一人の子どもの生活のリズム、発達過程、保育時間などに応じて、活動内容のバランスや調和を図りながら、適切な食事や休息が取れるようにする。

3　保育の計画及び評価

（1）全体的な計画の作成

ア　保育所は、1の（2）に示した保育の目標を達成するために、各保育所の保育の方針や目標に基づき、子どもの発達過程を踏まえて、保育の内容が組織的・計画的に構成され、保育所の生活の全体を通して、総合的に展開されるよう、全体的な計画を作成しなければならない。

イ　全体的な計画は、子どもや家庭の状況、地域の実態、保育時間などを考慮し、子どもの育ちに関する長期的見通しをもって適切に作成されなければならない。

ウ　全体的な計画は、保育所保育の全体像を包括的に示すものとし、これに基づく指導計画、保健計画、食育計画等を通じて、各保育所が創意工夫して保育できるよう、作成されなければならない。

（2）指導計画の作成

ア　保育所は、全体的な計画に基づき、具体的な保育が適切に展開されるよう、子どもの生活や発達を見通した長期的な指導計画と、それに関連しながら、より具体的な子どもの日々の生活に即した短期的な指導計画を作成しなければならない。

イ　指導計画の作成に当たっては、第2章及びその他の関連する章に示された事項のほか、子ども一人一人の発達過程や状況を十分に踏まえるとともに、次の事項に留意しなければならない。

（ア）3歳未満児については、一人一人の子どもの生育歴、心身の発達、活動の実態等に即して、個別的な計画を作成すること。

（イ）3歳以上児については、個の成長と、子ども相互の関係や協同的な活動が促されるよう配慮すること。

(ウ) 異年齢で構成される組やグループでの保育においては、一人一人の子どもの生活や経験、発達過程などを把握し、適切な援助や環境構成ができるよう配慮すること。

ウ 指導計画においては、保育所の生活における子どもの発達過程を見通し、生活の連続性、季節の変化などを考慮し、子どもの実態に即した具体的なねらい及び内容を設定すること。また、具体的なねらいが達成されるよう、子どもの生活する姿や発想を大切にして適切な環境を構成し、子どもが主体的に活動できるようにすること。

エ 一日の生活のリズムや在園時間が異なる子どもが共に過ごすことを踏まえ、活動と休息、緊張感と解放感等の調和を図るよう配慮すること。

オ 午睡は生活のリズムを構成する重要な要素であり、安心して眠ることのできる安全な睡眠環境を確保するとともに、在園時間が異なることや、睡眠時間は子どもの発達の状況や個人によって差があることから、一律とならないよう配慮すること。

カ 長時間にわたる保育については、子どもの発達過程、生活のリズム及び心身の状態に十分配慮して、保育の内容や方法、職員の協力体制、家庭との連携などを指導計画に位置付けること。

キ 障害のある子どもの保育については、一人一人の子どもの発達過程や障害の状態を把握し、適切な環境の下で、障害のある子どもが他の子どもとの生活を通して共に成長できるよう、指導計画の中に位置付けること。また、子どもの状況に応じた保育を実施する観点から、家庭や関係機関と連携した支援のための計画を個別に作成するなど適切な対応を図ること。

(3) 指導計画の展開

指導計画に基づく保育の実施に当たっては、次の事項に留意しなければならない。

ア 施設長、保育士など、全職員による適切な役割分担と協力体制を整えること。

イ 子どもが行う具体的な活動は、生活の中で様々に変化することに留意して、子どもが望ましい方向に向かって自ら活動を展開できるよう必要な援助を行うこと。

ウ 子どもの主体的な活動を促すためには、保育士等が多様な関わりをもつことが重要であることを踏まえ、子どもの情緒の安定や発達に必要な豊かな体験が得られるよう援助すること。

エ 保育士等は、子どもの実態や子どもを取り巻く状況の変化などに即して保育の過程を記録するとともに、これらを踏まえ、指導計画に基づく保育の内容の見直しを行い、改善を図ること。

(4) 保育内容等の評価

ア 保育士等の自己評価

(ア) 保育士等は、保育の計画や保育の記録を通して、自らの保育実践を振り返り、自己評価することを通して、その専門性の向上や保育実践の改善に努めなければならない。

(イ) 保育士等による自己評価に当たっては、子どもの活動内容やその結果だけでなく、子どもの心の育ちや意欲、取り組む過程などにも十分配慮するよう留意すること。

(ウ) 保育士等は、自己評価における自らの保育実践の振り返りや職員相互の話し合い等を通じて、専門性の向上及び保育の質の向上のための課題を明確にするとともに、保育所全体の保育の内容に関する認識を深めること。

イ 保育所の自己評価

(ア) 保育所は、保育の質の向上を図るため、保育の計画の展開や保育士等の自己評価を踏まえ、当該保育所の保育の内容等について、自ら評価を行い、その結果を公表するよう努めなければならない。

(イ) 保育所が自己評価を行うに当たっては、地域の実情や保育所の実態に即して、適切に評価の観点や項目等を設定し、全職員による共通理解をもって取り組むよう留意すること。

(ウ) 設備運営基準第36条の趣旨を踏まえ、保育の内容等の評価に関し、保護者及び地域住民等の意見を聴くことが望ましいこと。

(5) 評価を踏まえた計画の改善

ア 保育所は、評価の結果を踏まえ、当該保育所の保育の内容等の改善を図ること。

イ 保育の計画に基づく保育、保育の内容の評価及びこれに基づく改善という一連の取組により、保育の質の向上が図られるよう、全職員が共通理解をもって取り組むことに留意すること。

4 幼児教育を行う施設として共有すべき事項

(1) 育みたい資質・能力(省略。幼稚園教育要領を参照)

(2) 幼児期の終わりまでに育ってほしい姿(省略。幼稚園教育要領を参照)

幼稚園教育要領（抜粋）　平成 29（2017）年　文部科学省告示

第１　幼稚園教育の基本

幼児期の教育は、生涯にわたる人格形成の基礎を培う重要なものであり、幼稚園教育は、学校教育法に規定する目的及び目標を達成するため、幼児期の特性を踏まえ、環境を通して行うものであることを基本とする。

このため教師は、幼児との信頼関係を十分に築き、幼児が身近な環境に主体的に関わり、環境との関わり方や意味に気付き、これらを取り込もうとして、試行錯誤したり、考えたりするようになる幼児期の教育における見方・考え方を生かし、幼児と共によりよい教育環境を創造するように努めるものとする。これらを踏まえ、次に示す事項を重視して教育を行わなければならない。

１　幼児は安定した情緒の下で自己を十分に発揮することにより発達に必要な体験を得ていくものであることを考慮して、幼児の主体的な活動を促し、幼児期にふさわしい生活が展開されるようにすること。

２　幼児の自発的な活動としての遊びは、心身の調和のとれた発達の基礎を培う重要な学習であることを考慮して、遊びを通しての指導を中心として第２章に示すねらいが総合的に達成されるようにすること。

３　幼児の発達は、心身の諸側面が相互に関連し合い、多様な経過をたどって成し遂げられていくものであること、また、幼児の生活経験がそれぞれ異なることなどを考慮して、幼児一人一人の特性に応じ、発達の課題に即した指導を行うようにすること。

その際、教師は、幼児の主体的な活動が確保されるよう幼児一人一人の行動の理解と予想に基づき、計画的に環境を構成しなければならない。この場合において、教師は、幼児と人やものとの関わりが重要であることを踏まえ、教材を工夫し、物的・空間的環境を構成しなければならない。また、幼児一人一人の活動の場面に応じて、様々な役割を果たし、その活動を豊かにしなければならない。

第２　幼稚園教育において育みたい資質・能力及び「幼児期の終わりまでに育ってほしい姿」

１　幼稚園においては、生きる力の基礎を育むため、この章の第１に示す幼稚園教育の基本を踏まえ、次に掲げる資質・能力を一体的に育むよう努めるものとする。

（１）豊かな体験を通じて、感じたり、気付いたり、分かったり、できるようになったりする「知識及び技能の基礎」

（２）気付いたことや、できるようになったことなどを使い、考えたり、試したり、工夫したり、表現したりする「思考力、判断力、表現力等の基礎」

（３）心情、意欲、態度が育つ中で、よりよい生活を営もうとする「学びに向かう力、人間性等」

２　１に示す資質・能力は、第２章に示すねらい及び内容に基づく活動全体によって育むものである。

３　次に示す「幼児期の終わりまでに育ってほしい姿」は、第２章に示すねらい及び内容に基づく活動全体を通して資質・能力が育まれている幼児の幼稚園修了時の具体的な姿であり、教師が指導を行う際に考慮するものである。

（１）健康な心と体

幼稚園生活の中で、充実感をもって自分のやりたいことに向かって心と体を十分に働かせ、見通しをもって行動し、自ら健康で安全な生活をつくり出すようになる。

（２）自立心

身近な環境に主体的に関わり様々な活動を楽しむ中で、しなければならないことを自覚し、自分の力で行うために考えたり、工夫したりしながら、諦めずにやり遂げることで達成感を味わい、自信をもって行動するようになる。

（３）協同性

友達と関わる中で、互いの思いや考えなどを共有し、共通の目的の実現に向けて、考えたり、工夫したり、協力したりし、充実感をもってやり遂げるようになる。

（４）道徳性・規範意識の芽生え

友達と様々な体験を重ねる中で、してよいことや悪いことが分かり、自分の行動を振り返ったり、友達の気持ちに共感したりし、相手の立場に立って行動するようになる。また、きまりを守る必要性が分かり、自分の気持ちを調整し、友達と折り合いを付けながら、きまりをつくったり、守ったりするようになる。

（５）社会生活との関わり

家族を大切にしようとする気持ちをもつとともに、地域の身近な人と触れ合う中で、人との様々な関わり方に気付き、相手の気持ちを考えて関わり、自分が役に立つ喜びを感じ、地域に親しみをもつようになる。また、幼稚園内外の様々な環境に関わる中で、遊びや生活に必要な情報を取り入れ、情報に基づき判断したり、情報を伝え合ったり、活用したりするなど、情報を役立てながら活動するようになるとともに、公共の施設を大切に利用するなどして、社会とのつながりなどを意識するようになる。

（6）思考力の芽生え

身近な事象に積極的に関わる中で、物の性質や仕組みなどを感じ取ったり、気付いたりし、考えたり、予想したり、工夫したりするなど、多様な関わりを楽しむようになる。また、友達の様々な考えに触れる中で、自分と異なる考えがあることに気付き、自ら判断したり、考え直したりするなど、新しい考えを生み出す喜びを味わいながら、自分の考えをよりよいものにするようになる。

（7）自然との関わり・生命尊重

自然に触れて感動する体験を通して、自然の変化などを感じ取り、好奇心や探究心をもって考え言葉などで表現しながら、身近な事象への関心が高まるとともに、自然への愛情や畏敬の念をもつようになる。また、身近な動植物に心を動かされる中で、生命の不思議さや尊さに気付き、身近な動植物への接し方を考え、命あるものとしていたわり、大切にする気持ちをもって関わるようになる。

（8）数量や図形、標識や文字などへの関心・感覚

遊びや生活の中で、数量や図形、標識や文字などに親しむ体験を重ねたり、標識や文字の役割に気付いたりし、自らの必要感に基づきこれらを活用し、興味や関心、感覚をもつようになる。

（9）言葉による伝え合い

先生や友達と心を通わせる中で、絵本や物語などに親しみながら、豊かな言葉や表現を身に付け、経験したことや考えたことなどを言葉で伝えたり、相手の話を注意して聞いたりし、言葉による伝え合いを楽しむようになる。

（10）豊かな感性と表現

心を動かす出来事などに触れ感性を働かせる中で、様々な素材の特徴や表現の仕方などに気付き、感じたことや考えたことを自分で表現したり、友達同士で表現する過程を楽しんだりし、表現する喜びを味わい、意欲をもつようになる。

第３　教育課程の役割と編成等

1　教育課程の役割

各幼稚園においては、教育基本法及び学校教育法その他の法令並びにこの幼稚園教育要領の示すところに従い、創意工夫を生かし、幼児の心身の発達と幼稚園及び地域の実態に即応した適切な教育課程を編成するものとする。

また、各幼稚園においては、６に示す全体的な計画にも留意しながら、「幼児期の終わりまでに育ってほしい姿」を踏まえ教育課程を編成すること、教育課程の実施状況を評価してその改善を図っていくこと、教育課程の実施に必要な人的又は物的な体制を確保するとともにその改善を図っていくことなどを通して、教育課程に基づき組織的かつ計画的に各幼稚園の教育活動の質の向上を図っていくこと（以下「カリキュラム・マネジメント」という。）に努めるものとする。

2　各幼稚園の教育目標と教育課程の編成

教育課程の編成に当たっては、幼稚園教育において育みたい資質・能力を踏まえつつ、各幼稚園の教育目標を明確にするとともに、教育課程の編成についての基本的な方針が家庭や地域とも共有されるよう努めるものとする。

3　教育課程の編成上の基本的事項

（１）幼稚園生活の全体を通して第２章に示すねらいが総合的に達成されるよう、教育課程に係る教育期間や幼児の生活経験や発達の過程などを考慮して具体的なねらいと内容を組織するものとする。この場合においては、特に、自我が芽生え、他者の存在を意識し、自己を抑制しようとする気持ちが生まれる幼児期の発達の特性を踏まえ、入園から修了に至るまでの長期的な視野をもって充実した生活が展開できるように配慮するものとする。

（２）幼稚園の毎学年の教育課程に係る教育週数は、特別の事情のある場合を除き、39 週を下ってはならない。

（３）幼稚園の１日の教育課程に係る教育時間は、４時間を標準とする。ただし、幼児の心身の発達の程度や季節などに適切に配慮するものとする。

4　教育課程の編成上の留意事項

教育課程の編成に当たっては、次の事項に留意するものとする。

（１）幼児の生活は、入園当初の一人一人の遊びや教師との触れ合いを通して幼稚園生活に親しみ、安定していく時期から、他の幼児との関わりの中で幼児の主体的な活動が深まり、幼児が互いに必要な存在であることを認識するようになり、やがて幼児同士や学級全体で目的をもって協同して幼稚園生活を展開し、深めていく時期などに至るまでの過程を様々に経ながら広げられていくものであることを考慮し、活動がそれぞれの時期にふさわしく展開されるようにすること。

（２）入園当初、特に、３歳児の入園については、家庭との連携を緊密にし、生活のリズムや安全面に十分配慮すること。また、満３歳児については、学年の途中から入園することを考慮し、幼児が安心して幼稚園生活を過ごすことができるよう配慮すること。

（３）幼稚園生活が幼児にとって安全なものとなるよう、教職員による協力体制の下、幼児の主体的な活動を大切にしつつ、園庭や園舎などの環境の配慮や指導の工夫を行うこと。

5　小学校教育との接続に当たっての留意事項

（1）幼稚園においては、幼稚園教育が、小学校以降の生活や学習の基盤の育成につながることに配慮し、幼児期にふさわしい生活を通して、創造的な思考や主体的な生活態度などの基礎を培うようにするものとする。

（2）幼稚園教育において育まれた資質・能力を踏まえ、小学校教育が円滑に行われるよう、小学校の教師との意見交換や合同の研究の機会などを設け、「幼児期の終わりまでに育ってほしい姿」を共有するなど連携を図り、幼稚園教育と小学校教育との円滑な接続を図るよう努めるものとする。

第４　指導計画の作成と幼児理解に基づいた評価

1　指導計画の考え方

幼稚園教育は、幼児が自ら意欲をもって環境と関わることによりつくり出される具体的な活動を通して、その目標の達成を図るものである。

幼稚園においてはこのことを踏まえ、幼児期にふさわしい生活が展開され、適切な指導が行われるよう、それぞれの幼稚園の教育課程に基づき、調和のとれた組織的、発展的な指導計画を作成し、幼児の活動に沿った柔軟な指導を行わなければならない。

2　指導計画の作成上の基本的事項

（1）指導計画は、幼児の発達に即して一人一人の幼児が幼児期にふさわしい生活を展開し、必要な体験を得られるようにするために、具体的に作成するものとする。

（2）指導計画の作成に当たっては、次に示すところにより、具体的なねらい及び内容を明確に設定し、適切な環境を構成することなどにより活動が選択・展開されるようにするものとする。

ア　具体的なねらい及び内容は、幼稚園生活における幼児の発達の過程を見通し、幼児の生活の連続性、季節の変化などを考慮して、幼児の興味や関心、発達の実情などに応じて設定すること。

イ　環境は、具体的なねらいを達成するために適切なものとなるように構成し、幼児が自らその環境に関わることにより様々な活動を展開しつつ必要な体験を得られるようにすること。その際、幼児の生活する姿や発想を大切にし、常にその環境が適切なものとなるようにすること。

ウ　幼児の行う具体的な活動は、生活の流れの中で様々に変化するものであることに留意し、幼児が望ましい方向に向かって自ら活動を展開していくことができるよう必要な援助をすること。

その際、幼児の実態及び幼児を取り巻く状況の変化などに即して指導の過程についての評価を適切に行い、常に指導計画の改善を図るものとする。

3　指導計画の作成上の留意事項

指導計画の作成に当たっては、次の事項に留意するものとする。

（1）長期的に発達を見通した年、学期、月などにわたる長期の指導計画やこれとの関連を保ちながらより具体的な幼児の生活に即した週、日などの短期の指導計画を作成し、適切な指導が行われるようにすること。特に、週、日などの短期の指導計画については、幼児の生活のリズムに配慮し、幼児の意識や興味の連続性のある活動が相互に関連して幼稚園生活の自然な流れの中に組み込まれるようにすること。

（2）幼児が様々な人やものとの関わりを通して、多様な体験をし、心身の調和のとれた発達を促すようにしていくこと。その際、幼児の発達に即して主体的・対話的で深い学びが実現するようにするとともに、心を動かされる体験が次の活動を生み出すことを考慮し、一つ一つの体験が相互に結び付き、幼稚園生活が充実するようにすること。

（3）言語に関する能力の発達と思考力等の発達が関連していることを踏まえ、幼稚園生活全体を通して、幼児の発達を踏まえた言語環境を整え、言語活動の充実を図ること。

（4）幼児が次の活動への期待や意欲をもつことができるよう、幼児の実態を踏まえながら、教師や他の幼児と共に遊びや生活の中で見通しをもったり、振り返ったりするよう工夫すること。

（5）行事の指導に当たっては、幼稚園生活の自然の流れの中で生活に変化や潤いを与え、幼児が主体的に楽しく活動できるようにすること。なお、それぞれの行事についてはその教育的価値を十分検討し、適切なものを精選し、幼児の負担にならないようにすること。

（6）幼児期は直接的な体験が重要であることを踏まえ、視聴覚教材やコンピュータなど情報機器を活用する際には、幼稚園生活では得難い体験を補完するなど、幼児の体験との関連を考慮すること。

（7）幼児の主体的な活動を促すためには、教師が多様な関わりをもつことが重要であることを踏まえ、教師は、理解者、共同作業者など様々な役割を果たし、幼児の発達に必要な豊かな体験が得られるよう、活動の場面に応じて、適切な指導を行うようにすること。

（8）幼児の行う活動は、個人、グループ、学級全体などで多様に展開されるものであることを踏まえ、幼稚園全体の教師による協力体制を作りながら、一人一人の幼児が興味や欲求を十分に満足させるよう適切な援助を行うようにすること。

4　幼児理解に基づいた評価の実施

幼児一人一人の発達の理解に基づいた評価の実施に当たっては、次の事項に配慮するものとする。

（1）指導の過程を振り返りながら幼児の理解を進め、幼児一人一人のよさや可能性などを把握し、指導の改善に生かすようにすること。その際、他の幼児との比較や一定の基準に対する達成度についての評定によって捉えるものではないことに留意すること。

（2）評価の妥当性や信頼性が高められるよう創意工夫を行い、組織的かつ計画的な取組を推進するとともに、次年度又は小学校等にその内容が適切に引き継がれるようにすること。

（以下省略）

幼保連携型認定こども園教育・保育要領（抜粋）

平成 29（2017）年　内閣府・文部科学省・厚生労働省告示

第1　幼保連携型認定こども園における教育及び保育の基本及び目標等

1　幼保連携型認定こども園における教育及び保育の基本

乳幼児期の教育及び保育は、子どもの健全な心身の発達を図りつつ生涯にわたる人格形成の基礎を培う重要なものであり、幼保連携型認定こども園における教育及び保育は、就学前の子どもに関する教育、保育等の総合的な提供の推進に関する法律（平成18年法律第77号。以下「認定こども園法」という。）第２条第７項に規定する目的及び第９条に掲げる目標を達成するため、乳幼児期全体を通して、その特性及び保護者や地域の実態を踏まえ、環境を通して行うものであることを基本とし、家庭や地域での生活を含めた園児の生活全体が豊かなものとなるように努めなければならない。

このため保育教諭等は、園児との信頼関係を十分に築き、園児が自ら安心して身近な環境に主体的に関わり、環境との関わり方や意味に気付き、これらを取り込もうとして、試行錯誤したり、考えたりするようになる幼児期の教育における見方・考え方を生かし、その活動が豊かに展開されるよう環境を整え、園児と共によりよい教育及び保育の環境を創造するように努めるものとする。これらを踏まえ、次に示す事項を重視して教育及び保育を行わなければならない。

（1）乳幼児期は周囲への依存を基盤にしつつ自立に向かうものであることを考慮して、周囲との信頼関係に支えられた生活の中で、園児一人一人が安心感と信頼感をもっていろいろな活動に取り組む体験を十分に積み重ねられるようにすること。

（2）乳幼児期においては生命の保持が図られ安定した情緒の下で自己を十分に発揮することにより発達に必要な体験を得ていくものであることを考慮して、園児の主体的な活動を促し、乳幼児期にふさわしい生活が展開されるようにすること。

（3）乳幼児期における自発的な活動としての遊びは、心身の調和のとれた発達の基礎を培う重要な学習であることを考慮して、遊びを通しての指導を中心として第２章に示すねらいが総合的に達成されるようにすること。

（4）乳幼児期における発達は、心身の諸側面が相互に関連し合い、多様な経過をたどって成し遂げられていくものであること、また、園児の生活経験がそれぞれ異なることなどを考慮して、園児一人一人の特性や発達の過程に応じ、発達の課題に即した指導を行うようにすること。

その際、保育教諭等は、園児の主体的な活動が確保されるよう、園児一人一人の行動の理解と予想に基づき、計画的に環境を構成しなければならない。この場合において、保育教諭等は、園児と人やものとの関わりが重要であることを踏まえ、教材を工夫し、物的・空間的環境を構成しなければならない。また、園児一人一人の活動の場面に応じて、様々な役割を果たし、その活動を豊かにしなければならない。

なお、幼保連携型認定こども園における教育及び保育は、園児が入園してから修了するまでの在園期間全体を通して行われるものであり、この章の第３に示す幼保連携型認定こども園として特に配慮すべき事項を十分に踏まえて行うものとする。

2　幼保連携型認定こども園における教育及び保育の目標

幼保連携型認定こども園は、家庭との連携を図りながら、この章の第１の１に示す幼保連携型認定こども園における教育及び保育の基本に基づいて一体的に展開される幼保連携型認定こども園における生活を通して、生きる力の基礎を育成するよう認定こども園法第９条に規定する幼保連携型認定こども園の教育及び保育の目標の達成に努めなければならない。幼保連携型認定こども園は、このことにより、義務教育及びその後の教育の基礎を培うとともに、子どもの最善の利益を考慮しつつ、その生活を保障し、保護者と共に園児を心身ともに健やかに育成するものとする。

なお、認定こども園法第９条に規定する幼保連携型認定こども園の教育及び保育の目標については、発達や学びの連続性及び生活の連続性の観点から、小学校就学の始期に達するまでの時期を通じ、その達成に向けて努力すべき目当てとなるものであることから、満３歳未満の園児の保育にも当てはまることに留意するものとする。

編著者／久富陽子（ひさとみ・ようこ）
大妻女子大学家政学部児童学科教授。主な著書:『保育者論』（共著、萌文書林）、『幼稚園・教育実習　指導計画の考え方・立て方』（編著、萌文書林）、『保育方法の実践的理解』（共著、萌文書林）、『保育方法・指導法の研究』（共著、ミネルヴァ書房）

執筆者／善本眞弓（よしもと・まゆみ）
東京成徳大学子ども学部子ども学科教授。 主な著書：『演習で学ぶ乳児保育』（編著、 わかば社）、『エピソードから楽しく学ぼう人間関係』（共著、 創成社）、『幼稚園・保育所実習　指導計画の考え方・立て方』（共著、萌文書林）

執筆者／五十嵐裕子（いがらし・ゆうこ）
浦和大学こども学部こども学科教授。 主な著書：『保育の基礎を学ぶ福祉施設実習』『保育の今を問う保育相談支援』『子どもの生活を支える家庭支援論』（以上共著、 ミネルヴァ書房）、『保育と児童家庭福祉』（共著、みらい）

執筆者／堀　科（ほり・しな）
東京家政大学家政学部児童学科准教授。 主な著書：『流れがわかる 幼稚園・保育所実習』（共著、 萌文書林）、『生活事例からはじめる－保育内容－言葉』（編著、 青鞜社）、『保育者のたまごのための発達心理学［改訂版］』（共著、北樹出版）

ブックデザイン◆真野恵子
イラスト◆はしあさこ
編曲◆善本眞弓
楽譜浄書◆（株）MCS

学びつづける保育者をめざす実習の本
保育所・施設・幼稚園

2014年５月29日　初版第１刷発行
2017年４月１日　第２版第１刷発行
2018年４月24日　第３版第１刷発行
2023年４月１日　第３版第４刷発行
2023年12月31日　第４版第１刷発行
編著者　久富陽子
発行者　服部直人
発行所　株式会社萌文書林
〒113-0021　東京都文京区本駒込6-15-11
Tel.03-3943-0576　Fax.03-3943-0567
https://www.houbun.com/
info@houbun.com
印刷　モリモト印刷株式会社

乱丁・落丁本はお取り替えいたします。
定価はカバーに表示してあります。

日本音楽著作権協会（出）許諾第2307143-301号

ISBN978-4-89347-413-1

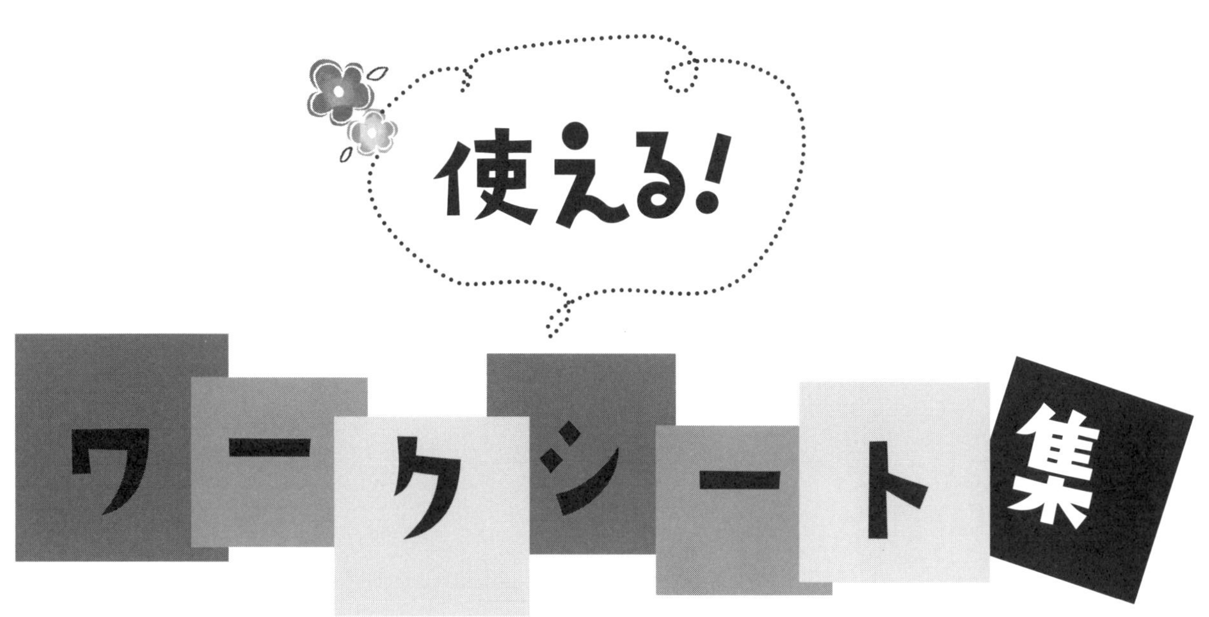

ミシン目に沿って切り取れます。コピーをとって使うこともできます。

私がなりたい理想の実習生！

もし自分が現場の保育者だったら、どのような実習生に来てほしいと思いますか？
文章やイラストにしてみましょう。

実習について自己評価してみましょう。

項目	評価の内容	評価		
		良い	普通	努力が必要
態度	意欲・積極性			
	責任感			
	探究心			
	協調性			
知識・技能	施設の理解			
	一日の流れの理解			
	乳幼児の発達の理解　子どもや利用者のニーズの理解			
	保育計画・指導計画・支援計画の理解			
	保育・養護技術の理解			
	チームワークの理解			
	家庭・地域社会との連携			
	子どもや利用者とのかかわり			
	職業倫理			
	健康・安全への配慮			

出典：全国保育士養成協議会編『保育実習指導のミニマムスタンダード』北大路書房、2007年、p. 126-127を改変

私がなりたい保育者・なりたくない保育者

実習を終えて、あなたはどのような保育者になりたいと思いましたか？　また、どのような保育者になりたくないと思いましたか？　文章やイラストにし、さらに、なりたい保育者になるために必要なことをまとめてみましょう。

実習に向けての計画表

実習に向けての計画を表にしてみましょう。

【　　月】

日	月	火	水	木	金	土

【　　月】

日	月	火	水	木	金	土

【　　月】

日	月	火	水	木	金	土

【　　月】

日	月	火	水	木	金	土

実習記録（日誌）

実習記録（日誌）を書く練習をしてみましょう。

実習生氏名＿＿＿＿＿＿＿＿＿＿＿＿

月　　日	天候 （気温）	＿＿＿＿＿＿組	＿＿＿歳児	名	指導者印	
本日の実習のねらい						
本日の保育のねらい						

私の実習履歴

自分の実習やボランティアの履歴をまとめておきましょう。

保育士にかかわる実習の記録
年　　月　　日 ～　　　年　　月　　日
年　　月　　日 ～　　　年　　月　　日
年　　月　　日 ～　　　年　　月　　日

幼稚園教諭にかかわる実習の記録
年　　月　　日 ～　　　年　　月　　日
年　　月　　日 ～　　　年　　月　　日

私のボランティア履歴

園・施設名	実施した期間ならびに日数
	年　　月　　日～ 年　　月　　日　（計　　日間）
	年　　月　　日～ 年　　月　　日　（計　　日間）
	年　　月　　日～ 年　　月　　日　（計　　日間）
	年　　月　　日～ 年　　月　　日　（計　　日間）
	年　　月　　日～ 年　　月　　日　（計　　日間）

部分実習、一日責任実習に向けて指導計画を立案してみましょう。

実習生氏名：　　　　　　　　　　印

<table>
<tr><td colspan="4">年　　月　　日（　　曜日）　　担任氏名：　　　　　　　　先生</td></tr>
<tr><td colspan="4">歳児　　　　組　　　　　　在籍人数：　　　名・　　　名</td></tr>
<tr><td colspan="2" rowspan="2">子どもの姿：</td><td colspan="2">ねらい：</td></tr>
<tr><td colspan="2">内容：</td></tr>
<tr><th>時間</th><th>環境構成</th><th>予想される子どもの活動</th><th>保育者（実習生）の援助と留意点</th></tr>
<tr><td></td><td></td><td></td><td></td></tr>
</table>

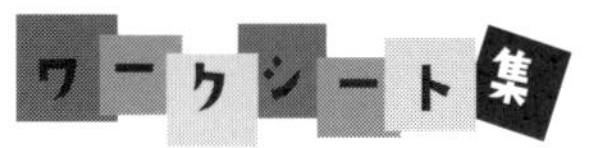

時間	環境構成	予想される子どもの活動	保育者（実習生）の援助と留意点
反省と評価			

私のお気に入り保育実技・教材

実習中、急に「手遊びをやってみてください」「紙芝居を読んでくださいね」などと言われることもあります。その際にあわてててしまうと、どのような手遊びがあったのか、今の時期にふさわしい絵本はどんなものがあるのか思い出せなくなってしまうことがあります。そこで、お気に入りの保育実技や教材をまとめておきましょう。絵本や紙芝居は、実習が行われる季節やその時期の行事などを考慮することも大切です。

私のお気に入りの手遊び

乳児向け

幼児向け

実習の季節や時期にあった絵本

［　　　月］

乳児向け

幼児向け

実習の季節や時期に合った紙芝居

［　　　月］

乳児向け

幼児向け

実習の季節や時期に合った歌

【　　　月】

乳児向け

幼児向け

私のお気に入りの遊び

鬼遊び

運動遊び

その他

私のお気に入りの製作・折り紙

実習の時期に合った製作・折り紙

【　　　月】

その他、私のお気に入り・得意なこと